도로
교통공단

직무능력검사

서원각 goseowon.com

PREFACE

우리나라 기업들은 1960년대 이후 현재까지 비약적인 발전을 이루었다. 이렇게 급속한 성장을 이룰 수 있었던 배경에는 우리나라 국민들의 근면성 및 도전정신이 있었다. 그러나 빠르게 변화하는 세계 경제의 환경에 적응하기 위해서는 근면성과 도전정신 이외에 또 다른 성장 요인이 필요하다.

한국기업들이 지속가능한 성장을 하기 위해서는 혁신적인 제품 및 서비스 개발, 선도 기술을 위한 R&D, 새로운 비즈니스 모델 개발, 효율적인 기업의 합병·인수, 신사업 진출 및 새로운 시장 개발 등 다양한 대안을 구축해 볼 수 있다. 하지만, 이러한 대안들 역시 훌륭한 인적자원을 바탕으로 할 때에 가능하다. 최근으로 올수록 기업체들은 자신의 기업에 적합한 인재를 선발하기 위해 기존의 학벌 위주의 채용을 탈피하고 기업 고유의 인·적성검사 제도를 도입하고 있는 추세이다.

도로교통공단 교통직에서도 업무에 필요한 역량 및 책임감과 적응력 등을 구비한 인재를 선발하기 위하여 고유의 직무능력검사를 치르고 있다. 본서는 도로교통공단 교통직 필기시험을 위한 필독서로 도로교통공단 교통직 필기시험의 출제경향을 철저히 분석하여 응시자들이 보다 쉽게 시험유형을 파악하고 효율적으로 대비할 수 있도록 구성하였다.

신념을 가지고 도전하는 사람은 반드시 그 꿈을 이룰 수 있습니다. 처음에 품은 신념과 열정이 취업 성공의 그 날까지 빛바래지 않도록 서원각이 수험생 여러분을 응원합니다.

STRUCTURE

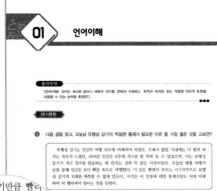

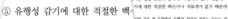

직무능력검사

도로교통공단에서 공개한 직무능력검사 예시문항을 분석하고, 다양한 유형의 출제예상문제를 다수 수록하여 실전에 완벽하게 대비할 수 있습니다.

인성검사

인성검사의 개요와 실제 인성검사 유형과 유사한 실전 인성검사를 수록하여 인성검사에 대한 전반적인 이해와 실전 능력을 키울 수 있도록 하였습니다.

면접

면접의 기본을 통해 면접에 대한 전반적인 이해를 도울 수 있도록 하였고 실례와 도로교통공단의 면접기출을 수록하여 면접을 완벽 대비할 수 있습니다.

CONTENTS

PART

I

도로교통공단 소개

01 공단소개 및 채용안내

1 공단소개

(1) 소개

도로교통공단은 국민의 생명과 안전 확보를 최우선 가치로 삼고 보행자 맞춤형 교통환경 구축과 사고취약요인 개선 등에 역량을 집중하여 교통사고 사망자 줄이기에 노력한다.

(2) 일반현황

① **미션** … 우리는 교통사고로부터 국민이 안전하고 행복한 세상을 만든다.

② **비전** … 안전한 도로교통의 중심, 배려하는 교통문화의 동반자

③ **경영목표** … 자동차 1만 대당 사망자 수 감소, 국민중심 포용 경영체계 구축

④ **전략목표 및 전략과제**

전략목표	미래교통 기반 첨단 교통환경 조성	사람을 연결하는 교통안전문화 확산	지속가능한 경영관리체계 구현	뉴딜 대응을 위한 미래가치 혁신
	핵심가치		경영방침	
	창의·열정, 생명존중, 열린마음		안전, 행복, 존중	
전략과제	• 첨단 교통안전 인프라 조성 • 자율주행 기반 미래 교통 인프라 구축 • 미래 교통여건 변화 대비 정책·기술 연구 개발	• 운전면허 운영체계 고도화로 안전사회 구현 • 참여와 소통의 교통문화 확립 • 국민안전을 위한 사고예방 활동 확산	• 미래 지향적 경영체질 혁신 • 상생과 협력의 동반 성장 생태계 확산 • 신뢰와 소통 기반의 조직문화 구현	• 디지털 혁신을 통한 경제활성화 및 편익 제공 • 친환경 경영을 통한 녹색혁신 생태계 구축 • 사람중심 고용 및 사회 안전망 구현

(3) 사업안내

① 교통안전사업

교통안전시설 기술지원	• 교통안전시설 기술지원 및 점검 • 교통운영체계 설계 · 감리 • 교통관리시스템 설계 및 정비
교통단속장비 검사	• 교통관련 국가공인 최고 검사기관 • 교통단속장비(과속, 신호, 구간) 인수 및 정기검사 • ITS 관련 장비검사
교통신호체계 기술운영 및 신호연동화	• 교통신호기 설계 및 신호DB 구축 • 교통신호 운영체계 유관기관 기술지원 • 교통정보센터 운영 및 신호연동체계 관리
교통과학장비 운영 관리	• 교통영상단속실 단속장비시스템 운영 관리 • 고정식 속도, 신호위반 지역제어기 운영 관리
국제공인시험 및 국가교정기관 인정	• 교통안전시설물 성능검사 및 공인시험 • 음주측정기 및 휘도 측정기 등의 공인교정
교통사고 잦은 곳 등 도로교통환경 개선	• 교통사고 잦은 곳 개선사업 • 도로교통안전진단 • 지자체 교통안전사업
GIS기반 도로교통사고 통합DB 구축 및 운영	• 교통사고 관련 국가 통합DB 구축 · 운영 • 국가 교통안전대책 수립을 위한 통계자료 지원 • 교통사고 통계분석 자료 발간 및 국제기구 협력
교통사고조사 기술지원	• 경찰 · 검찰 · 법원 등의 의뢰에 대한 교통사고조사 기술지원 • 대형교통사고 정밀분석 및 예방대책 수립 • 교통사고 관련 실험 및 분석기법 개발

② 교통교육사업

특별교통 안전교육	• 교통법규교육 • 교통소양교육(정지 · 취소자) • 교통참여교육
교통안전 전문교육	• 교통사고조사 • 교통보험사기범죄조사 • 안전시설담당 공무원교육 • 도로교통안전진단 교육훈련
교통안전 사회교육	• 어린이 · 청소년 교통안전교육 • 교통안전 담당교사 및 통학차량 운전자 교육 • 성인 교통안전교육 • 교통안전교육지도사 운영

교통안전홍보	• 교통사고 줄이기 한마음 대회 등 다양한 교통안전 행사 개최 • 신문, 방송 등 언론매체와 공단 SNS, 사보 「신호등」을 통한 도로교통안전 홍보 • 생활밀착형 홍보활동으로 대국민 교통안전 의식 함양 • 고령 운전자 보호를 위한 양보, 배려 캠페인 진행 • 도로교통공단의 이해와 체험을 위한 홍보관 견학 프로그램 운영
자격운영	• 도로교통사고감정사

③ **교통방송사업** … 공단 산하 TBN한국교통방송에서는 전국 12개 FM교통방송국과 16개 중계소를 운영하고 있으며, 지역실정에 맞는 신속·정확한 교통정보를 제공함은 물론, 재난·재해로부터 국민의 안전을 지키기 위한 프로그램을 편성해 공익방송의 사회적 가치를 실현하고 있다.

④ **운전면허사업** … 운전면허본부는 전국 운전면허시험장을 운영하고 있으며, 공정한 면허시험 관리와 국민편익 증진을 위한 면허서비스 개선으로 더욱 믿을 수 있는 운전면허 발급에 온 힘을 다하고 있다.

⑤ **연구개발사업**

㉠ 교통과학연구의 산실로 교통과학연구원을 두고 미래교통체계 변화에 대비한 연구사업의 계획 및 교통안전정책 수립, 제도에 관한 연구 정책 제안

㉡ 교통운영, 안전시설, 교통정보관리 분야에 대한 신기술 연구 및 개발

㉢ 국제표준화기구(ISO) 기준에 적합한 국제공인(KOLAS) 시험환경구축으로 교통관리시설의 품질향상 유도

⑥ **사회공헌사업**

공단 미션과 연계한 공헌활동	• 사회적 약자를 위한 면허취득 상담 및 지원사업 • 교통사고 피해자 가족 돕기 • 장애인 지원센터 운영 • 교통취약계층의 교통안전교육 • 교통안전시설 무료점검 • 교통안전장구 지원 • 미래세대를 위한 교육 기부 프로그램 운영 • 방송을 통한 사회안전망 구축
지역사회 친화적 공헌활동	• 지역 소외계층을 위한 상생 공헌활동 • 문화예술을 공유하고 아픔을 나누는 공헌활동 • 공감과 참여를 통한 따뜻한 사회 만들기

2 채용안내

(1) 채용안내

① 전형절차

㉠ 진행절차

서류전형	▶	필기시험	▶	면접시험	▶	수습근무
서류심사	10 배수	직무능력검사 인성검사	3 배수	(그룹)경험/ 상황면접	1 배수	3개월 내외

※ 수급근무 중 근무평가를 통해 임용

㉡ 전형별 동점자 처리기준
- 서류전형 및 필기전형 : 동점자 전원 합격처리
- 면접전형 : 국가보훈대상자 > 필기시험 우수자 > 면접시험 우수자 순

② 전형별 세부사항

㉠ 서류전형
- 평가기준 : 직무자격증, 우대사항
- 합격자 선발 : 서류전형 평정요소를 합산한 총점 고득점자 순으로 결정
  ※ 자기소개서 불성실 기재자(미기재·동일문구 반복기재 등)의 경우 불합격 처리

㉡ 필기시험
- 평가기준

구분	주요내용
직무능력검사 (90분)	• 출제영역 : 언어이해, 상황판단, 자료점검, 자료해석, 수열추리 • 출제문항 : 125문항(5개영역 × 25문항) • 출제수준 : 전문학사수준의 난이도(단시간분야는 고졸수준 난이도)
인성검사 (30분)	• 출제문항 : 210문항 내외 • 적부판단 : 최하등급인 자는 탈락 처리

- 합격자 선발 : 직무능력검사점수에 가점을 더하여 합격자 결정
  ※ 직무능력검사 점수의 100점 만점 기준 40점 미만의 경우 과락 적용

㉢ 면접시험
- 평가기준

전형방식	주요내용
그룹 경험·상황면접	• 인성, 기초직업능력 및 전문직무능력 등 종합적 심사

※ 입사지원서, 자기소개서, 인성검사 결과 등은 면접 참고자료로 활용

- 합격자 선발 : 필기시험 점수(60%)와 면접시험 점수(40%)를 합산한 점수에 가점을 더하여 합격자 결정
  ※ 모집분야별 적격자가 없을 경우에는 합격자 미선발 가능

ⓒ 신체검사 : 최종합격자에 한해 공단에서 지정한 보훈병원에서 임용 전·후 개별적으로
실시, 병원장 발급의 「채용신체검사서」 검정결과에 따라 판정
※ 신체검사 불합격자 등 임용 부적격자는 임용 이후에도 불합격(합격취소) 또는 임용 취소 처리 가능

(2) 모집분야 및 채용인원

모집군	모집분야	근무지 (*채용인원이 2명 이상일 경우 괄호 표시)	채용인원	채용예정 직급
일반	정보보호	본부〈원주〉(2)	2	4급
	교통신호운영	서울(3), 부산, 경기〈광주〉, 강원〈원주〉, 충북(2), 충남(2), 전남, 경남〈진주〉, 제주	13	
	교통단속장비	서울(2), 대구, 경기(3), 충북, 충남, 전북, 전남, 경북(2), 경북〈안동〉(3), 경남(3), 경남〈울산〉	19	5급
	제보접수	강원, 충북, 제주(2)	4	
	방송기술	부산, 충북, 제주	3	
	운전면허	강남, 서부(2), 대구, 인천, 울산, 용인(2), 안산(2), 의정부, 춘천, 원주, 태백, 청주, 충주, 대전, 예산, 전북, 전남(2), 광양, 포항, 마산	24	
	교통정책	본부〈원주〉	1	4급
	교통시스템	본부〈원주〉	1	3급
장애	행정지원	본부〈원주〉, 경북	2	5급
	교통신호운영	서울, 충북	2	4급
	교통단속장비	본부〈원주〉, 서울, 경기〈의정부〉(2), 충남〈예산〉, 경북〈안동〉	6	5급
	제보접수	경남	1	
	방송기술	경북	1	
	운전면허	강남, 서부, 인천, 안산(2), 원주, 청주, 충주, 대전, 전남, 광양, 마산	12	
	교통시스템	본부〈원주〉	1	4급
계			92	-

※ 단일 모집분야만 지원 가능하며, 중복지원은 불가(중복지원 시 모두 불합격 처리)
※ 현 주소지와 상관없이 근무를 원하는 근무지 지원 가능

(3) 채용조건

모집군	세부조건
교통직	• 수습직원 - 수습기간 : 3개월 내외 - 수습기간 중 근무평가를 실시, 합격자에 한해 교통직(무기계약직) 정식 임용 - 수습기간 중에도 보수는 규정에 따라 100% 지급

※ 단시간 모집분야는 1일 최대 6시간까지만 근무 가능하며, 전일제(8시간) 근무자로 전환할 수 없음.

(4) 지원자격

① 공통 지원자격

㉠ 연령 제한 없음(단, 입사예정일 현재 공단 정년인 만 60세 미만인 자)

㉡ 최종 합격자 발표 후 입사예정일로부터 근무가능한 자

㉢ 남자의 경우 병역을 필하였거나, 면제자

㉣ 공단 인사규정 제18조에 따른 결격사유가 없는 자

- 피성년후견인 및 피한정후견인
- 파산선고를 받은 자로 복권되지 아니한 자
- 금고 이상의 형을 선고받고 그 집행유예 기간이 끝난 날부터 2년이 지나지 아니한 사람
- 금고 이상의 형의 선고유예를 받은 경우에 그 선고유예 기간 중에 있는 사람
- 「성폭력범죄의 처벌 등에 관한 특례법」 제2조에 규정된 죄를 범한 사람으로서 100만 원 이상의 벌금형을 선고받고 그 형이 확정된 후 3년이 지나지 아니한 사람
- 미성년자에 대한 다음 각 목의 어느 하나에 해당하는 죄를 저질러 파면·해임되거나 형 또는 치료감호를 선고받아 그 형 또는 치료감호가 확정된 사람(집행유예를 선고받은 후 그 집행유예기간이 경과한 사람을 포함한다.)
  - 「성폭력범죄의 처벌 등에 관한 특례법」 제2조에 따른 성폭력범죄
  - 「아동·청소년의 성보호에 관한 법률」 제2조 제2호에 따른 아동·청소년 대상 성범죄
- 법률에 의하여 공민권이 정지 또는 박탈된 자
- 병역을 기피한 자 또는 불명예 제대자
- 징계에 의하여 파면의 처분을 받은 날로부터 5년, 해임의 처분을 받은 날로부터 3년이 경과하지 아니한 자
- 「부패방지 및 국민권익위원회의 설치와 운영에 관한 법률」 제82조(비위면직자 등의 취업제한)에 해당하는 자
- 공공기관에서 부정한 방법으로 채용된 사실이 적발되어 면직 또는 채용이 취소된 날로부터 5년이 경과하지 아니한 자
- 기타 중대한 결격사유로 퇴직하여 직원으로 채용함이 부적격하다고 인정되는 자

② 퇴직공직자의 취업제한

　㉠ 공단은「공직자 윤리법」에 따라 '15.3.31. 취업제한기관으로 고시.

　㉡ 재산등록의무자로 입사예정일 기준 3년 이내 퇴직공무원은 공단에서 '취업예정확인서'를 발급받아 공직자윤리위원회의 취업심사를 득해야 함

　　※ 공단 발급 '취업예정확인서'는 공직자윤리위원회 심의서류로 공단 임용과는 무관함.

　　• 퇴직공무원(재산등록의무자)으로 공직자윤리위원회 취업심사를 득하지 않고 최종합격 또는 임용된 경우,「공직자 윤리법」제17 · 18조에 의해 그 최종합격 · 임용이 취소될 수 있음

③ 모집분야별 지원자격

　㉠ 일반 모집군 세부내역

모집분야	세부 응시자격
정보보호	• 학력, 전공제한 없음 • 다음 자격 중 한 가지 이상을 충족하는 자 　-전자계산기조직응용, 전자계산기, 정보보안, 정보처리 기사 이상 자격증 중 한 가지 이상 소지자
교통신호운영	• 학력, 전공제한 없음 • 자동차운전면허증(2종 보통 이상) 소지자로서 다음 자격 중 한 가지 이상을 충족하는 자 　-토목, 도시계획, 교통 기사 이상 자격증 중 한 가지 이상 소지자 　-건설기술자격(교통분야) 수첩 소지자
교통단속장비	• 학력, 전공제한 없음 • 자동차운전면허증(1종 보통 이상) 소지자
제보접수	• 학력, 전공제한 없음
방송기술	• 학력, 전공제한 없음
운전면허	• 학력, 전공제한 없음 • 자동차운전면허증(2종 보통 이상) 소지자
교통정책	• 교통, 도시, 법, 행정, 경제, 심리, 통계 관련 학사학위 소지자[*]
교통시스템(3급)	• 교통, 도시, 컴퓨터, 전자, 통신 관련 학사학위 소지자[*] 중 경력 2년 이상인 자

＊ 연구업무 관련분야로 학사 이상 관련 학과(전공)로 제한

ⓛ 장애 모집군 세부내역

모집분야	세부 응시자격
행정지원	• 학력, 전공제한 없음 • 장애인[1]

교통신호운영	• 학력, 전공제한 없음
	• 자동차운전면허증(2종 보통 이상) 소지자로서 다음 자격 중 한 가지 이상을 충족하는 장애인[1]
	  −토목, 도시계획, 교통 기사 이상 자격증 중 한 가지 이상 소지자
	  −건설기술자격(교통분야) 수첩 소지자

교통단속장비	• 학력, 전공제한 없음 • 자동차운전면허증(1종 보통 이상) 소지한 장애인[1]
제보접수	• 학력, 전공제한 없음 • 장애인[1]
방송기술	• 학력, 전공제한 없음 • 장애인[1]
운전면허	• 학력, 전공제한 없음 • 자동차운전면허증(2종 보통 이상)을 소지한 장애인[1]
교통시스템(4급)	• 교통, 도시, 컴퓨터, 전자, 통신 관련 학사학위 소지[2]한 장애인[1]

1) 「장애인 고용촉진 및 직업재활법」 및 이를 준용하는 법률에 의한 장애인
2) 연구업무 관련분야로 학사 이상 관련 학과(전공)로 제한

02 관련기사

도로교통공단, 여름 휴가철 교통사고 특성분석 결과 발표

- 인기 여행지 주변, 교통사고 더 조심해야...

도로교통공단(이사장 이주민)은 본격적인 여름 휴가철을 맞아 휴가가 집중되는 기간(7월 16일~8월 31일)의 교통사고 특성을 분석하고 사고예방을 위한 교통안전 수칙을 발표했다.

공단이 최근 5년간(2016~2020년) 여름 휴가철(7월 16일부터 8월 31일까지) 교통사고 특성을 분석한 결과, 전국적으로 하루 평균 사고건수는 602건이었으며 10명이 사망하고 908명이 다친 것으로 나타났다. 여름 휴가철에는 평상시보다 하루 평균 약 4건의 사고가 더 많은 것으로 분석되어 주의가 요구된다.

평상시는 차량이 몰리는 퇴근시간대(저녁 6~8시, 13.8%)에 교통사고가 집중되는 것과 달리, 여름 휴가철은 한 낮의 더위로 인해 주의력이 떨어지기 쉬운 오후 4~6시(12.6%)에 사고가 가장 많은 것으로 나타났다.

휴가철 특성상 렌터카 교통사고가 증가했는데 특히, 20대 운전자의 교통사고는 하루 평균 7.8건으로 평상시 7.1건보다 10.7% 증가하였고, 전체 렌터카 사고의 31.2%를 차지했으며 30대(20.4%), 40대(20.2%)순으로 나타났다. 또한, 여름 휴가철 음주운전 교통사고는 전체 사고건수의 8.0%를 차지하고 있으며 하루 평균 48건이 발생하는 것으로 나타났다. 운전자 연령대를 보면 30대 운전자가 23.5%로 가장 많았고 40대(21.7%), 50대(20.6%)가 뒤를 이었다.

지역별로 보면 여름 인기 여행지인 강원도, 제주도의 경우 다른 지역 대비 교통사고 증가폭이 큰 것으로 분석되었다. 강원도의 여름 휴가철 하루 평균 교통사고는 23.8건으로 평상시(21.2건)보다 12.5% 증가하였으며, 제주도는 11.6건에서 12.7건으로 9.2% 증가했다.

여름 휴가철 강원도, 제주도 내 타지역 운전자에 의한 교통사고도 급증하였는데 평상시 대비 각각 48.2%, 29.7% 증가하였다. 작년에 이어 올해도 코로나19로 인해 해외여행이 어려워짐에 따라 국내 여행이 늘어날 것으로 예상돼 각별한 주의가 필요하다.

나정무 도로교통공단 교통사고종합분석센터장은 "수도권 지역을 중심으로 코로나19 확산세가 거세지는 가운데 여름 휴가철이 겹치면서 비수도권 지역으로의 여행객 몰림으로 인한 교통사고 증가가 우려된다."며 "코로나 방역수칙과 교통안전 수칙을 준수하여 안전한 여름을 보낼 수 있기를 바란다."고 말했다.

- 2021. 7. 30.

면접질문	• 우리 공단에서 특정 기간의 교통사고 특성분석을 시행하는 이유에 대해 말해보시오. • 휴가철 교통사고 예방을 위해 가장 중요한 것이 무엇인지 말해보시오.

도로교통공단, 「도로교통사고감정사 원서접수 8월부터 시작」

– 도로교통사고감정사 자격시험 실시

도로교통공단(이사장 이주민)이 2021년도(제17회) 공인자격 도로교통사고감정사 자격시험을 9월 5일(일) 실시하며, 8월 2일(월)부터 원서접수를 시작한다고 밝혔다. 단, 전년도 코로나19로 인해 2차 시험에 미응시한 1차 시험 전부면제자('19년 1차 시험 합격자)에게는 사전 접수기간(8월 1일)을 부여해 접수편의를 도모하였다.

도로교통사고감정사는 교통사고조사의 과학적인 분석을 통해 정확한 발생 원인을 규명하고, 교통사고 당사자 간 분쟁을 최소화하는 전문가를 배출하기 위해 마련된 자격시험으로, 만 18세 이상이면 학력제한 없이 누구나 응시할 수 있다.

2007년 4월 경찰청으로부터 민간공인자격으로 인증받아 현재까지 약 4,900여 명을 배출했다. 교통사고 현장조사에서부터 수집된 자료를 과학적인 근거로 분석하여 감정서를 작성하는 전문분야다.

최근에는 블랙박스, 사고기록장치(EDR), 디지털운행기록계(DTG) 등을 이용한 분석기법이 이루어지고 있으며, 스마트도로와 자율주행차 등 급변하는 교통 환경에 대처하는 새로운 분석기법이 요구되므로 미래직업으로서 전망이 밝을 것으로 기대된다.

도로교통사고감정사 자격 소지자에 대해서는 도로교통공단 직원 신규 채용 시 가산점 부여 및 자격수당을 지급하고 있다. 또한 경찰공무원 신규 채용 시 가산점(4점) 및 승진 가점(0.3점)을 부여하고 있다.

2018년부터는 법적으로 교통안전담당자로 지정 가능한 자격으로 고시(국토교통부고시 제2018-834호)되어 운수업체 등 관련 분야에 취업이 가능하게 되었다. 한국도로공사, 일부 자동차보험사 및 공제조합에서는 자격을 소지한 직원에게 일정금액의 자격수당 등 혜택을 준다.

– 2021. 7. 26.

| 면접질문 | • 도로교통사고감정사는 어떠한 일을 하는지 설명해보시오. |

PART

II

직무능력검사

01 언어이해

출제방향

〈언어이해〉 검사는 제시된 글이나 대화의 의미를 정확히 이해하고, 목적과 취지에 맞는 적절한 언어적 표현을 사용할 수 있는 능력을 측정한다.

예시문항

Q 다음 글을 읽고, 오늘날 유행성 감기의 적절한 통제가 필요한 이유 중 가장 옳은 것을 고르면?

> 유행성 감기는 인간의 여행 속도에 비례하여 퍼진다. 수레가 없던 시대에는 이 병의 퍼지는 속도가 느렸다. 1918년 인간은 8주에 지구를 한 바퀴 돌 수 있었으며, 이는 유행성 감기가 지구 일주를 완료하는 데 걸리는 것과 꼭 같은 시간이었다. 오늘날 대형 비행기 등을 통해 인간은 보다 빠른 속도로 여행한다. 이 같은 현대식 속도는 시시각각으로 유행성 감기의 도래를 예측할 수 없게 만든다. 이것은 이 질병에 대한 통제수단도 이에 비례하여 더 빨라져야 한다는 것을 뜻한다.

① 세계 전역 어디에서나 발생할 수 있기 때문에
② 병균이 비행기만큼 빨리 퍼질 수 있기 때문에
③ 인간이 유행성 감기를 피할 수 있을 만큼 빨리 여행할 수 있기 때문에
④ 유행성 감기는 항상 인간의 몸속에 기생하고 있기 때문에
⑤ 유행성 감기에 대한 적절한 백신이나 치료제가 없기 때문에

Tip 제시된 글은 첫 문장에서 유행성 감기가 퍼지는 속도는 인간의 여행 속도에 비례한다는 내용을 언급하고, 과거와 오늘날의 그 속도 차이에 대해 비교하고 있다. 글 후반부에서 현대식 속도가 유행성 감기를 예측할 수 없게 만들었고, 따라서 통제수단도 더 빨라져야 한다고 언급하므로, 답은 ②이다.

답 ②

1 다음을 읽고 우리가 음식물을 통해 필수아미노산을 공급해줘야 하는 이유로 가장 옳은 것은?

> 단백질이 지속적으로 분해됨에도 불구하고 체내 단백질의 총량이 유지되거나 증가할 수 있는 것은 세포 내에서 단백질 합성이 끊임없이 일어나기 때문이다. 단백질 합성에 필요한 아미노산은 세포 내에서 합성되거나, 음식으로 섭취한 단백질로부터 얻거나, 체내 단백질을 분해하는 과정에서 생성된다. 단백질 합성에 필요한 아미노산 중 체내에서 합성할 수 없어 필요량을 스스로 충족할 수 없는 것을 필수아미노산이라고 한다. 어떤 단백질 합성에 필요한 각 필수아미노산의 비율은 정해져 있다. 체내 단백질 분해를 통해 생성되는 필수아미노산도 다시 단백질 합성에 이용되기도 하지만, 그 양이 부족하면 전체의 체내 단백질 합성량이 줄어들게 된다. 다만 성인과 달리 성장기 어린이의 경우, 체내에서 합성할 수는 있으나 그 양이 너무 적어서 음식물로 보충해야 하는 아미노산도 필수아미노산에 포함된다.

① 필수아미노산의 재활용으로 인한 변형 단백질 생성을 막기 위해
② 아미노산의 부족으로 단백질 합성이 불균형하게 일어나는 것을 줄이기 위해
③ 계속적인 단백질 합성을 통해 체내 단백질 총량을 유지하기 위해
④ 음식물에 포함되어 있는 아미노산만이 체내 면역 환경을 안정화 시킬 수 있기 때문에
⑤ 체내에 충분한 아미노산과 부족한 아미노산의 양의 균형을 맞추기 위해

 제시된 글의 첫 문장에서 단백질이 지속적으로 분해되어도 끊임없이 단백질 합성이 일어나 체내 단백질의 총량이 유지될 수 있다고 언급하고 있다. 단백질 합성을 위해 필요한 필수아미노산을 음식물을 통해 공급하여 원활한 단백질 합성이 이루어지도록 해야하므로 ③이 적절하다.

Answer ☞ 1.③

2 다음의 내용을 논리적 흐름이 자연스럽도록 순서대로 배열한 것은?

> ㉠ 이에 대표적인 것은 대장균이다.
>
> ㉡ 그렇기 때문에 대장균이 속해 있는 비슷한 세균군을 모두 검사하여 분변오염 여부를 판단하고, 이 세균군을 총대장균군이라고 한다.
>
> ㉢ 식수가 분변으로 오염되어 있다면 분변에 있는 병원체 수와 비례하여 존재하는 비병원성 세균을 지표생물로 이용한다.
>
> ㉣ 그러나 온혈동물에게서 배설되는 비슷한 종류의 다른 세균들을 배제하고 대장균만을 측정하기는 어렵다.
>
> ㉤ 대장균은 그 기원이 전부 동물의 배설물에 의한 것이므로, 시료에서 대장균의 균체 수가 일정 기준보다 많이 검출되면 그 시료에는 인체에 유해할 만큼의 병원체도 존재한다고 추정할 수 있다.

① ㉠ – ㉢ – ㉣ – ㉡ – ㉤

② ㉡ – ㉣ – ㉢ – ㉤ – ㉠

③ ㉡ – ㉤ – ㉣ – ㉠ – ㉢

④ ㉢ – ㉠ – ㉤ – ㉣ – ㉡

⑤ ㉢ – ㉠ – ㉣ – ㉤ – ㉡

(Tip) ㉢ 지표생물로 이용하는 비병원성 생물→㉠ 대표적인 비병원성 생물→㉤ 대장균으로 병원체 추정→㉣ 예외적인 예인 온혈동물→㉡ 온혈동물의 대장균측정

3 다음 밑줄 친 ㉠에 대한 이해로 적절하지 못한 것은?

> ㉠<u>취미 판단</u>이란, 대상의 미·추를 판정하는, 미감적 판단력의 행위이다. 모든 판단은 'S는 P이다.'라는 명제 형식으로 환원되는데, 그 가운데 이성이 개념을 통해 지식이나 도덕 준칙을 구성하는 '규정적 판단'에서는 술어 P가 보편적 개념에 따라 객관적 성질로서 주어 S에 부여된다. 이와 유사하게 취미 판단에서도 P, 즉 '미' 또는 '추'가 마치 객관적 성질인 것처럼 S에 부여된다. 하지만 실제로 취미 판단에서의 P는 오로지 판단 주체의 쾌 또는 불쾌라는 주관적 감정에 의거한다. 또한 규정적 판단은 명제의 객관적이고 보편적인 타당성을 지향하므로 하나의 개별 대상뿐 아니라 여러 대상이나 모든 대상을 묶은 하나의 단위에 대해서도 이루어진다. 이와 달리, 취미 판단은 오로지 하나의 개별 대상에 대해서만 이루어진다. 즉 복수의 대상을 한 부류로 묶어 말하는 것은 이미 개념적 일반화가 되기 때문에 취미 판단이 될 수 없는 것이다. 한편 취미 판단은 오로지 대상의 형식적 국면을 관조하여 그것이 일으키는 감정에 따라 미·추를 판정하는 것 이외의 어떤 다른 목적도 배제하는 순수한 태도, 즉 미감적 태도를 전제로 한다. 취미 판단에는 대상에 대한 지식뿐 아니라, 실용적 유익성, 교훈적 내용 등 일체의 다른 맥락이 끼어들지 않아야 하는 것이다.

① 취미 판단의 서술어는 쾌 또는 불쾌라는 주관적인 감정을 담는다.
② '모든 아이들은 아름답다'는 취미 판단이라 할 수 없다.
③ '유용하다, 교육적이다' 등의 술어를 사용한 문장을 취미 판단으로 볼 수 없다.
④ '이 그림에 담긴 싱그러움이 아름답다'는 취미 판단에 해당한다.
⑤ '이 책은 청소년에게 유익하여 좋은 책이다'는 취미 판단에 해당한다.

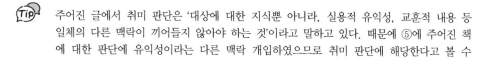

주어진 글에서 취미 판단은 '대상에 대한 지식뿐 아니라, 실용적 유익성, 교훈적 내용 등 일체의 다른 맥락이 끼어들지 않아야 하는 것'이라고 말하고 있다. 때문에 ⑤에 주어진 책에 대한 판단에 유익성이라는 다른 맥락 개입하였으므로 취미 판단에 해당한다고 볼 수 없다.

4 다음 글의 내용과 일치하지 않는 것은?

> 그리스의 대표적 도시국가인 스파르타는 어떤 정치체제를 가지고 있었을까? 정치체제의 형성은 단순히 정치 이념뿐만 아니라 어떤 생활방식을 선택하느냐의 문제와도 연결되어 있다. 기원전 1200년경 남하해온 도리아 민족이 선주민을 정복하여 생긴 것이 스파르타이다. 지배계급과 피지배계급이 스파르타만큼 확실히 분리되고 지속된 도시국가는 없었다. 스파르타에서 지배계급과 피지배계급의 차이는 권력의 유무 이전에 민족의 차이였다.
>
> 우선, 지배계급은 '스파르타인'으로 1만 명 남짓한 자유 시민과 그 가족뿐이다. 순수한 혈통을 가진 스파르타인들의 유일한 직업은 군인이었고, 참정권도 이들만이 가지고 있었다. 두 번째 계급은 상공업에만 종사하도록 되어 있는 '페리오이코이'라고 불리는 자유인이다. 이들은 도리아인도, 선주민도 아니었으며, 도리아 민족을 따라와 정착한 타지방 출신의 그리스인이었다. 이들은 시민권을 받지 못했으므로 참정권과 선거권이 없었지만, 병역의무는 주어졌다. 그리스의 도시국가들에서는 일반적으로 병역에 종사하는 시민에게 참정권이 주어졌다. 하지만, 페리오이코이는 일개 병졸로만 종사했으므로, 스파르타인이 갖는 권리와는 차이가 있었다. 스파르타의 세 번째 계급은 '헬로트'라고 불리는 농노들로, 도리아인이 침략하기 전에 스파르타 지역에 살았던 선주민이다. 이들의 유일한 직업은 스파르타인이 소유한 농장에서 일하는 것으로, 비록 노예는 아니었지만 생활은 비참했다. 이들은 결혼권을 제외하고는 참정권, 사유재산권, 재판권 같은 시민의 권리를 전혀 가지지 못했고, 병역의 의무도 없었다.
>
> 스파르타인과 페리오이코이와 헬로트의 인구 비율은 1대 7대 16 정도였다. 스파르타인이 농업과 상공업을 피지배계급들에게 맡기고 오직 군무에만 종사한 것은, 전체의 24분의 1밖에 안 되는 인구로 나머지를 지배해야 하는 상황이 낳은 방책이었을 것이다. 피지배계급들 중에서도 특히 헬로트는 스파르타인에게 적대적인 태도를 보이고 있었다. 이 때문에 스파르타는 우선 내부의 잠재적인 불만 세력을 억압해야 할 필요성이 있었고, 군사대국으로 불리는 막강한 군사력을 가진 나라가 되었던 것이다.

① 스파르타에서는 직업을 알면 계급을 알 수 있었다.
② 스파르타에서는 일반적으로 병역 의무를 이행하면 참정권을 얻을 수 있었다.
③ 스파르타의 농노들은 스파르타 건국 이전부터 그 곳에 살고 있던 민족이다.
④ 헬로트는 시민의 권리의 대부분을 소유하지 못하였으나 노예는 아니었다.
⑤ 스파르타에서 시민권을 가진 계급은 오직 하나 뿐이었다.

 ② 그리스의 도시국가들에서는 일반적으로 병역에 종사하는 시민에게는 참정권이 주어졌지만 스파르타에서는 그렇지 않았다.

5 다음 글에서 밑줄 친 법학자의 의견으로 볼 수 없는 것은?

> 명예는 세 가지 종류가 있다. 첫째는 인간으로서의 존엄성에 근거한 고유한 인격적 가치를 의미하는 내적 명예이며, 둘째는 실제 이 사람이 가진 사회적·경제적 지위에 대한 사회적 평판을 의미하는 외적 명예, 셋째는 인격적 가치에 대한 자신의 주관적 평가 내지는 감정으로서의 명예감정이다.
>
> 악성 댓글, 즉 악플에 의한 인터넷상의 명예훼손이 통상적 명예훼손보다 더 심하기 때문에 통상의 명예훼손행위에 비해서 인터넷상의 명예훼손행위를 가중해서 처벌해야 한다는 주장이 일고 있다. 이에 대해 <u>법학자 A</u>는 다음과 같이 주장하였다.
>
> 인터넷 기사 등에 악플이 달린다고 해서 즉시 악플 대상자의 인격적 가치에 대한 평가가 하락하는 것은 아니므로, 내적 명예가 그만큼 더 많이 침해되는 것으로 보기 어렵다. 또한 만약 악플 대상자의 외적 명예가 침해되었다고 하더라도 이는 악플에 의한 것이 아니라 악플을 유발한 기사에 의한 것으로 보아야 한다. 오히려 악플로 인해 침해되는 것은 명예감정이라고 보는 것이 마땅하다. 다만 인터넷상의 명예훼손행위는 그 특성상 해당 악플의 내용이 인터넷 곳곳에 퍼져 있을 수 있어 명예감정의 훼손 정도가 피해자의 정보수집량에 좌우될 수 있다는 점을 간과해서는 안 될 것이다. 구태여 자신에 대한 부정적 평가를 모을 필요가 없음에도 부지런히 수집·확인하여 명예감정의 훼손을 자초한 피해자에 대해서 국가가 보호해줄 필요성이 없다는 점에서 명예감정을 보호해야 할 법익으로 삼기 어렵다. 따라서 인터넷상의 명예훼손이 통상적 명예훼손보다 더 심하다고 보기 어렵다.

① 악플과 내적 명예의 훼손이 직결된다고 보기 어렵다.
② 통상적으로 이야기되는 명예훼손에 대한 악플의 영향력에 동의하지 않는다.
③ 외적 명예의 훼손에 악플보다 더 상관관계가 큰 요인이 있다.
④ 악플로 인해 가장 큰 손상을 입는 것은 명예감정이다.
⑤ 악플로 인한 명예감정 훼손정도는 인터넷의 정보제공량에 따라 좌우된다.

 제시된 글에서 법학자 A는 명예감정의 훼손 정도는 피해자의 정보수집량에 의해 좌우될 수 있다고 말하고 있다.

Answer 4.② 5.⑤

6   제시된 글에서 빈칸에 들어갈 내용으로 옳은 것은?

　　오늘날 프랑스 영토의 윤곽은 9세기 샤를마뉴 황제가 유럽 전역을 평정한 후, 그의 후
손들 사이에 벌어진 영토 분쟁의 결과로 만들어졌다. 이 분쟁은 동맹군의 승리로 전쟁이
끝나면서 왕자들 사이에 제국의 영토를 분할하는 원칙을 명시한 베르됭 조약이 체결되었
다. 영토 분할을 위임받은 로마 교회는 조세 수입이나 영토 면적보다는 '세속어'를 그 경계
의 기준으로 삼는 것이 더 공정하다는 결론을 내렸다. 그래서 게르만어를 사용하는 지역
과 로망어를 사용하는 지역을 각각 루이와 샤를에게 할당했다.
　　루이와 샤를은 베르됭 조약 체결에 앞서 스트라스부르에서 서로의 동맹을 다지는 서약
문서를 상대방이 분할 받은 영토의 세속어로 작성하여 교환하고, 곧이어 각자 자신의 군
사들로부터 자신이 분할 받은 영토의 세속어로 충성 맹세를 받았다. 학자들은 두 사람이
서로의 동맹에 충실할 것을 상대측 영토의 세속어로 서약했다는 점에 주목한다. 또한 역
사적 자료에 의해 루이와 샤를 모두 게르만어를 모어로 사용하였다는 사실이 알려져 있
다. 그러므로 _____ 게다가 그들의 군대는 필요에
따라 여기저기서 수시로 징집된 다양한 언어권의 병사들로 구성되어 있었으므로 세속어의
사용이 군사들의 이해를 목적으로 한다는 설명도 설득력이 없다. 결국 학자들은 상대측 영
토의 세속어 사용이 상대 국민의 정체성과 그에 따른 권력의 합법성을 상호인정하기 위한
상징행위로서 의미를 갖는다고 결론을 내렸다.

---

① 게르만어를 사용하는 지역의 영역이 훨씬 컸을 것이다.

② 루이가 샤를보다 계승 서열이 높은 왕자였을 것이다.

③ 세속어의 사용이 국민들이 주권을 가지는데 가장 큰 역할을 한다.

④ 루이와 샤를 중 적어도 한 명은 서약 문서를 자신의 모어로 작성한 것이 아니다.

⑤ 세속어를 적절하게 사용하여 외교에 힘썼다.

 제시된 글에서 두 사람이 서로의 동맹에 충실할 것을 상대측 영토의 세속어로 서약했다고
했으므로 ④의 내용이 적절하다.

7

과거에는 실제로 존재한다고 간주되던 것들이 오늘날에는 허구적인 것으로 취급받게 된 경우들이 있다. 잘 알려져 있는 것처럼, 과거의 과학자들은 나무가 타는 것과 같은 연소 현상을 설명하기 위해서 플로지스톤 이론을 만들어냈다. 당시 과학자들은 '플로지스톤'이라는 개념을 이용해서 연소 현상을 설명했으며, 플로지스톤이 실제로 존재한다고 생각했다. 하지만 오늘날 플로지스톤이 실제로 존재한다는 것을 믿는 자연과학자는 없으며, 그런 개념은 현대 자연과학에서 사라져 버렸다. 이는 표준적인 현대 화학이론이 '플로지스톤'이라는 개념을 동원하지 않고서도 연소 현상을 플로지스톤 이론보다 더 잘 설명하기 때문이다. 가령 현대 화학이론은 플로지스톤 이론이 설명할 수 있는 현상은 물론, 그보다 훨씬 많은 연소 현상들을 설명해낸다.

우리는 '믿음', '욕구' 등과 같은 통속 심리이론 속 개념들도 동일한 운명에 처할 것이라는 점을 알 수 있다. 일상적으로 우리는 행동 현상을 설명하기 위해서 '믿음', '욕구' 등 통속 심리이론에서 다루는 개념들을 사용한다. 예를 들어, 영화관으로 향하는 행동 현상은 영화감상에 대한 '욕구'와 '믿음' 등 통속 심리이론의 개념을 이용해 설명된다. 그런데 오늘날 신경과학이론은 통속 심리이론과 전혀 다른 방식으로 행동 현상을 설명한다. 즉 최근 신경과학이론은 '믿음', '욕구' 등에 호소하지 않고 신경들 사이의 연결과 그 구조를 통해서 인간의 행동 현상을 설명한다. 그렇다면 _____

① 통속 심리이론의 '믿음', '욕구'와 같은 개념들은 과학에서 사라져버릴 것이다.
② '믿음', '욕구'보다 명확하게 행동 현상을 설명할 방법을 찾아야만 한다.
③ 우리는 기존의 개념들이 더 이상 사라지지 않도록 노력해야할 것이다.
④ 앞으로 우리의 과학이 계속해서 변화하고 발전할 것은 자명하다.
⑤ 통속 심리이론에서 인간의 행동 현상을 설명할 더 많은 개념이 생겨 날 것이다.

 제시된 글에서는 과거에는 실제로 존재한다고 간주되던 것들이 오늘날에는 허구적인 것으로 취급받게 된 경우에 대해 말한다. 이를 '플로지스톤'의 예시를 통해 어느 시점에는 존재한다고 믿어지는 것들이 어느 시점에서는 다른 것으로 대체되거나 허구적으로 여겨져 사라지게 된다는 것을 설명하고 있다. 이어지는 문단에서는 과거에 통속 심리이론에 주로 사용하던 개념이 사용되지 않고 있음을 이야기하고 있으므로 빈칸에는 ①의 내용이 오는 것이 적절하다.

8

음식은 나라마다 특성이 있으며, 식사 예법 또한 일률적이지 않다. 요리에 필요한 재료와 조미료가 특히 다르며, 음식에 대한 사고 또한 다르다. 일본인은 시각으로 먹고, 인도인은 촉각으로 먹으며, 프랑스인은 미각으로 먹는다. 조용조용 소리 없이 먹는 경우가 대부분이어서 청각이 동원되는 예가 흔치 않지만, 우리의 경우는 다르다. 가령, 우리 여름철 음식의 대명사격인 냉면은 스파게티 가락들을 포크에 돌돌 말아 먹듯 젓가락에 말아 먹어서는 제 맛이 나지 않는다. 젓가락으로 휘휘 둘러서 적당량을 입 끝에 댄 다음 후루룩 입안에 넣어야 제 맛이다. 청각이 동원되어야 하는 음식으로는 총각김치와 오이소박이도 빼놓을 수 없다. ＿＿＿＿＿＿＿＿＿＿＿＿＿＿

① 음식의 특성이 바로 식사 예법을 결정한다.
② 음식의 재료에 따라 먹는 방법이 달라진다.
③ '빨리빨리'의 사고방식을 여기에서도 확인할 수 있다.
④ 먹다 보면 소리가 요란할 수밖에 없는 음식들이다.
⑤ 결국 식사 예법은 모두 비슷하다.

 음식에 대한 사고가 나라마다 다르고, 일본인은 시각으로, 인도인은 촉각으로, 프랑스인은 미각으로 먹는다는 내용이 나왔고 우리나라는 이와 다르게 청각으로 먹는다는 예시를 설명하고 있으므로 ④가 가장 적절하다.

9

정보 통신 기술은 컴퓨터를 수단으로 하여 인간의 두뇌와 신경을 비약적으로 확장하였다. 정보 통신 기술의 발달은 전 세계적으로 정치, 경제, 산업, 교육, 의료, 생활양식 등 사회 전반에 걸쳐 혁신적인 변화를 일으키고, 인간관계와 사고방식, 가치관에까지 영향을 미칠 것이 틀림없다. 그러나 그 이면에는 불평등과 불균형을 불러올 위험성도 있다.

사회학자 드 세토(De Certeau)는 "＿＿＿＿＿＿＿＿＿＿＿＿＿＿＿＿＿＿＿＿"라는 말을 했다. 정보 통신 기술은 우리의 모든 생활 영역에 영향을 미치고 있다. 이 시점에서 우리에게 중요한 것은 정보 통신 기술을 어떻게 활용하느냐이다. 정보 통신 기술이 우리 사회를 변화시키고 있지만, 그 기술의 가치를 이해하고 선택하는 주체는 바로 우리이기 때문이다.

① 인간은 선천적으로 알고자 하는 욕구를 지니고 있으며 기술의 발전이 그 증거이다.

② 정보 통신 기술은 마치 시한폭탄처럼 언제든지 인간의 삶을 파괴할 수 있다.

③ 기술은 마치 거대한 파도처럼 인간의 생활을 순식간에 뒤덮었다.

④ 기술은 문을 열 뿐이고, 그 문에 들어갈지 말지는 인간이 결정한다.

⑤ 기술은 쓴 약과 같아서 받아들이는 데에는 어려움이 있지만 습득한 후에는 유익한 방향으로 이끈다.

 위 글은 정보 통신 기술이 우리 모든 생활 영역에 영향을 미친다고 해도 그 기술을 어떻게 활용하는가의 주체는 인간이라고 말하고 있으므로 빈칸에는 ④번의 내용이 적절하다.

10

휴리스틱(heuristic)은, 문제를 해결하거나 불확실한 상황에 대해 판단을 내릴 필요가 있지만 명확한 실마리가 없을 경우에 사용하는 편의적·발견적인 방법이다. _____
휴리스틱과 반대되는 것이 알고리즘(algorism)이다. 알고리즘은 일정한 순서대로 풀어 나가면 정확한 해답을 얻을 수 있는 방법이다. 삼각형의 면적을 구하는 공식이 알고리즘의 좋은 예이다

① 우리말로는 쉬운 방법, 간편법, 발견법, 어림셈, 또는 지름길 등으로 표현할 수 있다.

② 우리말로는 정확한 해답, 완전한 해결, 빠른 결정 등으로 표현할 수 있다.

③ 우리말로는 비논리적 방법, 원칙을 무시한 방법 등으로 표현할 수 있다.

④ 우리말로는 정도를 지키는 해결방법, 원칙을 중시하는 방법 등으로 표현할 수 있다.

⑤ 우리말로는 신뢰할 수 있는 방법, 오차가 없는 방법 등으로 표현할 수 있다.

 휴리스틱과 알고리즘을 서로 비교하여 설명하고 있다. 따라서 빈칸에는 휴리스틱에 대한 부연 설명이 나와야 한다. 휴리스틱은 편의적인 방법이라 하였으므로 ①이 가장 적절하다.

Answer ⟶ 8.④ 9.④ 10.①

다음의 내용을 논리적 흐름이 자연스럽도록 순서대로 배열한 것을 고르시오.

11

ⓘ 그러나 혐기성 세균의 수는 김치가 익어갈수록 증가하며 결국 많이 익어서 시큼한 맛이 나는 김치에 있는 미생물 중 대부분을 차지한다.

ⓛ 김치의 발효 과정에 관여하는 미생물에는 여러 종류의 효모, 호기성 세균 그리고 유산균을 포함한 혐기성 세균이 있다.

ⓒ 갓 담근 김치의 발효가 시작될 때 호기성 세균과 혐기성 세균의 수가 두드러지게 증가하지만, 김치가 익어갈수록 호기성 세균의 수는 점점 줄어들어 나중에는 그 수가 완만하게 증가하는 효모의 수와 거의 비슷해진다.

ⓔ 김치를 익히는 데 관여하는 균과 매우 높은 산성의 환경에서도 잘 살 수 있는 유산균이 그 예이다.

① ㉠ - ㉢ - ㉡ - ㉣
② ㉠ - ㉡ - ㉣ - ㉢
③ ㉡ - ㉢ - ㉣ - ㉠
④ ㉡ - ㉢ - ㉠ - ㉣
⑤ ㉣ - ㉢ - ㉠ - ㉡

ⓛ 김치의 발효 과정에 관여하는 미생물-ⓒ 김치의 발효 과정에 따른 호기성 세균과 혐기성 세균-ⓘ 신김치에서 혐기성 세포-ⓔ 김치를 익히는 데 관여하는 균과 매우 높은 산성의 환경에서도 잘 살 수 있는 유산균

12

ⓘ 임금이 상승하면 직장 밖 활동에 들어가는 시간의 비용이 늘어난다.

ⓛ 따라서 임금이 늘어난 만큼 일 이외의 활동에 들어가는 시간의 비용도 함께 늘어난다는 것이다.

ⓒ 스웨덴의 경제학자 스테판 린더는 서구인들이 엄청난 경제성장을 이루고도 여유를 누리지 못하는 이유를 가변적인 시간의 비용을 이용해 논증한다.

ⓔ 경제가 성장하면 사람들의 시간을 쓰는 방식도 달라진다.

ⓜ 일하는 데 쓸 수 있는 시간을 영화나 책을 보는 데 소비하면 그만큼의 임금을 포기하는 것이다.

① ㉠ - ㉣ - ㉢ - ㉡ - ㉤
② ㉠ - ㉢ - ㉣ - ㉡ - ㉤
③ ㉢ - ㉣ - ㉠ - ㉤ - ㉡
④ ㉢ - ㉠ - ㉣ - ㉤ - ㉡
⑤ ㉣ - ㉡ - ㉠ - ㉢ - ㉤

ⓒ 스테판 린더의 주장-ⓔ 경제 성장에 따라 시간의 이용 방식이 변화함-ⓐ 임금의 상승이 시간의 비용을 증대 시킴-ⓜ 시간의 소비가 임금의 포기와 이어지게 됨-ⓑ 다시 말해 임금의 증가는 시간의 비용도 증가시킴

13

(가) 사물은 저것 아닌 것이 없고, 또 이것 아닌 것이 없다. 이쪽에서 보면 모두가 저것, 저쪽에서 보면 모두가 이것이다.

(나) 그러므로 저것은 이것에서 생겨나고, 이것 또한 저것에서 비롯된다고 한다. 이것과 저것은 저 혜시(惠施)가 말하는 방생(方生)의 설이다.

(다) 그래서 성인(聖人)은 이런 상대적인 방법에 의하지 않고, 그것을 절대적인 자연의 조명(照明)에 비추어 본다. 그리고 커다란 긍정에 의존한다. 거기서는 이것이 저것이고 저것 또한 이것이다. 또 저것도 하나의 시비(是非)이고 이것도 하나의 시비이다. 과연 저것과 이것이 있다는 말인가. 과연 저것과 이것이 없다는 말인가.

(라) 그러나 그, 즉 혜시(惠施)도 말하듯이 삶이 있으면 반드시 죽음이 있고, 죽음이 있으면 반드시 삶이 있다. 역시 된다가 있으면 안 된다가 있고, 안 된다가 있으면 된다가 있다. 옳다에 의거하면 옳지 않다에 기대는 셈이 되고, 옳지 않다에 의거하면 옳다에 의지하는 셈이 된다.

① (가) − (나) − (다) − (라)
② (가) − (나) − (라) − (다)
③ (가) − (다) − (나) − (라)
④ (가) − (라) − (나) − (다)
⑤ (가) − (라) − (나) − (다)

 (가) 사물은 이쪽에서 보면 모두가 저것, 저쪽에서 보면 모두가 이것이다→(나) 그러므로 저것은 이것에서 생겨나고, 이것 또한 저것에서 비롯되는데 이것과 저것은 혜시가 말하는 방생의 설이다→(라) 그러나 혜시도 말하듯이 '삶과 죽음', '된다와 안 된다', '옳다와 옳지 않다'처럼 상대적이다→(다) 그래서 성인은 상대적인 방법이 아닌 절대적인 자연의 조명에 비추어 커다란 긍정에 의존한다.

Answer → 11.④ 12.③ 13.②

14 다음 제시문을 바탕으로 '공부'에 관한 글을 쓰려고 할 때, 이끌어 낼 수 있는 내용으로 적절하지 않은 것은?

> 자전거를 쓰러뜨리지 않고 잘 타려면 기울어지는 쪽으로 방향을 틀면서 균형을 잡되, 멈추지 않고 계속 앞으로 가야만 한다. 그런데 실제로는 이런 원리를 아는 것보다 직접 타 보면서 연습하는 것이 더 중요하다. 이때 만약 자전거를 처음 배운다면 누군가 뒤에서 잡아주는 것이 좀 더 효율적이다. 뒤에서 잡아주다가 타는 사람도 모르게 살며시 놓아주게 되면 타는 사람은 어느새 자신도 모르게 균형을 잡고 자전거를 탈 수 있기 때문이다. 그리고 이렇게 배운 자전거로 더 멀리 가려면 튼튼한 체력이 뒷받침되어야 한다.

① 공부를 잘 하려면 지속적으로 해야 한다.
② 체계적인 공부를 위해 시간 관리를 잘 해야 한다.
③ 스스로 공부할 수 있도록 도움을 받는 것도 필요하다.
④ 목표를 달성할 때까지 공부하려면 건강을 잘 돌봐야 한다.
⑤ 공부가 중단되지 않게 하려면 취약한 부분을 보완해야 한다.

 ② 제시문에서는 '시간 관리'를 이끌어 낼 수 있는 내용이나 근거가 제시되지 않았다.
　　① 멈추지 않고 계속 앞으로 가야한다는 내용을 통해 이끌어 낼 수 있다.
　　③ 자전거를 처음 배울 때는 누군가 뒤에서 잡아 주는 것이 효율적이라는 내용을 통해 이끌어 낼 수 있다.
　　④ 더 멀리 있는 목적지를 가기 위해선 튼튼한 체력이 뒷받침되어야 한다는 내용을 통해 이끌어 낼 수 있다.
　　⑤ 자전거가 기울어지는 쪽으로 핸들의 방향을 틀어야 한다는 내용을 통해 이끌어 낼 수 있다.

15 다음 글에서 제시하고 있는 '융합'의 사례로 보기 어려운 것은?

> 1980년 이후에 등장한 과학기술 분야의 가장 강력한 트렌드는 컨버전스, 융합, 잡종의 트렌드이다. 기존의 분야들이 합쳐져서 새로운 분야가 만들어지고, 이렇게 만들어진 몇 가지 새로운 분야가 또 합쳐져서 시너지 효과를 낳는다. 이러한 트렌드를 볼 때 미래에는 과학과 기술, 순수과학과 응용과학의 경계가 섞이면서 새롭게 만들어진 분야들이 연구를 주도한다는 것이다. 나노과학기술, 생명공학, 물질공학, 뇌과학, 인지과학 등이 이러한 융합의 예이다. 연구대학과 국립연구소의 흥망성쇠는 이러한 융합의 경향에 기존의 학문 분과 제도를 어떻게 잘 접목시키느냐에 달려 있다.
>
> 이러한 융합은 과학기술 분야 사이에서만이 아니라 과학기술과 다른 문화적 영역에서도 일어난다. 과학기술과 예술, 과학기술과 철학, 과학기술과 법 등 20세기에는 서로 별개의 영역 사이의 혼성이 강조될 것이다. 이는 급격히 바뀌는 세상에 대한 새로운 철학과 도덕, 법률의 필요성에서 기인한다. 인간의 유전자를 가진 동물이 만들어지고, 동물의 장기가 인간의 몸에 이식도 되고 있다. 생각만으로 기계를 작동시키는 인간–기계의 인터페이스도 실험의 수준을 지나 곧 현실화되는 단계에 와 있다. 인간–동물–기계의 경계가 무너지는 세상에서 철학, 법, 과학 기술의 경계도 무너지는 것이다. 20년 후 과학기술의 세부 내용을 지금 예측하기는 쉽지 않다. 하지만 융합 학문과 학제 간 연구의 지배적 패러다임화, 과학과 타 문화의 혼성화, 사회를 위한 과학 기술의 역할 증대, 국제화와 합동 연구의 증가라는 트렌드는 미래 과학 기술을 특징짓는 뚜렷한 트렌드가 될 것이다.. 그리고 이렇게 배운 자전거로 더 멀리 가려면 튼튼한 체력이 뒷받침되어야 한다.

① 유전공학, 화학 독성물, 태아 권리 등의 법적 논쟁에 대한 날카로운 분석을 담은 책
② 과학자들이 이룬 연구 성과들이 어떻게 재판의 사실 인정 기준에 영향을 주는가를 탐색하고 있는 책
③ 과학기술과 법이 만나고 충돌하는 지점들을 탐구하고, 미래의 지속가능한 사회를 위한 둘 사이의 새로운 관계를 제시한 책
④ 과학은 신이 부여한 자연법칙을 발견하는 것이며, 사법 체계도 보편적인 자연법의 토대 위에 세워진 것이라는 주장을 펴는 책
⑤ 과학자는 과학의 발전 외에 인류의 행복이나 복지 등에는 그리 관심이 많지 않다는 전제 하에 과학 기술에 대해 평가할 수 있도록 법조인에게 과학 교육이 필요함을 주장한 책

 ④ 제시문에서 '융합'은 '경계가 섞이면서 새로운 분야를 만들어내는 것'이라고 하였지만 ④에서는 기존의 '자연법에 과학과 사법을 묶은 것'이라고 보고 있으므로 옳지 않다.

Answer→ 14.② 15.④

정부나 기업이 사업에 투자할 때에는 현재에 투입될 비용과 미래에 발생할 이익을 비교하여 사업의 타당성을 진단한다. 이 경우 물가 상승, 투자 기회, 불확실성을 포함하는 할인의 요인을 고려하여 미래의 가치를 현재의 가치로 환산한 후, 비용과 이익을 공정하게 비교해야 한다. 이러한 환산을 가능케 해 주는 개념이 할인율이다. 할인율은 이자율과 유사하지만 역으로 적용되는 개념이라고 생각하면 된다. 현재의 이자율이 연 10%라면 올해의 10억 원은 내년에는 (1+0.1)을 곱한 11억 원이 되듯이, 할인율이 연 10%라면 내년의 11억 원의 현재 가치는 (1+0.1)로 나눈 10억 원이 된다.

공공사업의 타당성을 진단할 때에는 대개 미래 세대까지 고려하는 공적 차원의 할인율을 적용하는데, 이를 사회적 할인율이라고 한다. 사회적 할인율은 사회 구성원이 느끼는 할인의 요인을 정확하게 파악하여 결정하는 것이 바람직하나, 이것은 현실적으로 매우 어렵다. 그래서 시장 이자율이나 민간 자본의 수익률을 사회적 할인율로 적용하자는 주장이 제기된다.

시장 이자율은 저축과 대출을 통한 자본의 공급과 수요에 의해 결정되는 값이다. 저축을 하는 사람들은 원금을 시장 이자율에 의해 미래에 더 큰 금액으로 불릴 수 있고, 대출을 받는 사람들은 시장 이자율만큼 대출금에 대한 비용을 지불한다. 이때의 시장 이자율은 미래의 금액을 현재 가치로 환산할 때의 할인율로도 적용할 수 있으므로, 이를 사회적 할인율로 간주하자는 주장이 제기되는 것이다. 한편 민간 자본의 수익률을 사회적 할인율로 적용하자는 주장은, 사회 전체적인 차원에서 공공사업에 투입될 자본이 민간 부문에서 이용될 수도 있으므로, 공공사업에 대해서도 민간 부문에서만큼 높은 수익률을 요구해야 한다는 것이다.

그러나 시장 이자율이나 민간 자본의 수익률을 사회적 할인율로 적용하자는 주장은 수용하기 어려운 점이 있다. 우선 ㉠공공 부문의 수익률이 민간 부문만큼 높다면, 민간 투자가 가능한 부문에 굳이 정부가 투자할 필요가 있는가 하는 문제가 제기될 수 있다. 더욱 중요한 것은 시장 이자율이나 민간 자본의 수익률이, 비교적 단기적으로 실현되는 사적 이익을 추구하는 자본 시장에서 결정된다는 점이다. 반면에 사회적 할인율이 적용되는 공공사업은 일반적으로 그 이익이 장기간에 걸쳐 서서히 나타난다. 이러한 점에서 공공사업은 미래 세대를 배려하는 지속 가능한 발전의 이념을 반영한다. 만일 사회적 할인율이 시장 이자율이나 민간 자본의 수익률처럼 높게 적용된다면, 미래 세대의 이익이 저평가되는 셈이다. 그러므로 사회적 할인율은 미래 세대를 배려하는 공익적 차원에서 결정되는 것이 바람직하다.

16 윗글의 글쓴이가 상정하고 있는 핵심적인 질문으로 가장 적절한 것은?

① 시장 이자율과 사회적 할인율은 어떻게 관련되는가?
② 자본 시장에서 미래 세대의 몫을 어떻게 고려해야 하는가?
③ 사회적 할인율이 민간 자본의 수익률에 어떤 영향을 미치는가?
④ 공공사업에 적용되는 사회적 할인율은 어떤 수준에서 결정되어야 하는가?
⑤ 공공 부문이 수익률을 높이기 위해서는 민간 부문과 어떻게 경쟁해야 하는가?

 글쓴이는 사회적 할인율이 공공사업의 타당성을 진단할 때 사용되는 개념이며 미래 세대까지 고려하는 공적 차원의 성격을 갖고 있음을 밝히고 있으며 이런 면에서 사회적 할인율을 결정할 때 시장 이자율이나 민간 자본의 수익률과 같은 사적 부문에 적용되는 요소들을 고려하자는 주장에 대한 반대 의견과 그 근거를 제시하고 있다. 또한 사회적 할인율은 공익적 차원에서 결정되어야 한다는 자신의 견해를 제시하고 있으므로 사회적 할인율을 결정할 때 고려해야 할 수준에 대해 언급한 질문이 가장 핵심적인 질문이라 할 수 있다.

17 ㉠이 전제하고 있는 것은?

① 민간 투자도 공익성을 고려해서 이루어져야 한다.

② 정부는 공공 부문에서 민간 투자를 선도하는 역할을 해야 한다.

③ 공공 투자와 민간 투자는 동등한 투자 기회를 갖는 것이 바람직하다.

④ 정부는 공공 부문에서 민간 자본의 수익률을 제한하는 것이 바람직하다.

⑤ 정부는 민간 기업이 낮은 수익률로 인해 투자하기 어려운 공공 부문을 보완해야 한다.

 ㉠은 '실제로 공공 부문의 수익률이 민간 부문보다 높지 않다'는 정보와 '정부는 공공 부문에 투자해야 한다'는 정보를 연상할 수 있다. 따라서 '정부는 낮은 수익률이 발생하는 공공 부문에 투자해야 한다'는 내용을 전제로 하므로 ⑤가 가장 적합하다.

18 윗글로 보아 다음의 ⓐ에 대한 판단으로 타당한 것은?

> 한 개발 업체가 어느 지역의 자연 환경을 개발하여 놀이동산을 건설하려고 한다. 해당 지역 주민들은 자연 환경의 가치를 중시하여 놀이동산의 건설에 반대하는 사람들과 지역 경제 활성화를 중시하여 찬성하는 사람들로 갈리어 있다. 그래서 개발 업체와 지역 주민들은 ⓐ놀이동산으로부터 장기간 파급될 지역 경제 활성화의 이익을 추정하고, 이를 현재 가치로 환산한 값을 계산해 보기로 하였다.

① 사업의 전망이 불확실하다고 판단하는 주민들은 낮은 할인율을 적용할 것이다.

② 후손을 위한 환경의 가치를 중시하는 주민들은 높은 할인율을 적용할 것이다.

③ 개발 업체는 놀이동산 개발의 당위성을 확보하기 위해 높은 할인율을 적용할 것이다.

④ 놀이동산이 소득 증진의 좋은 기회라고 생각하는 주민들은 높은 할인율을 적용할 것이다.

⑤ 지역 경제 활성화의 효과가 나타나는 데 걸리는 시간이 길다고 판단되면 낮은 할인율을 적용할 것이다.

 ⓐ는 사업의 활성화로 인한 이익과 현재 가치로 환산한 값을 따지는 것이므로, 제시문에서 소개한 할인율의 개념과 유사하다. 또한 후손을 위한 환경의 가치를 중시하는 주민들은 개발에 대한 부정적인 입장을 취할 것이므로 자연 환경 개발에 대해서는 높은 할인율을 적용하는 것이 적절하다.

Answer ↪ 16.④ 17.⑤ 18.②

▌19~20 ▌ 다음 글을 읽고 물음에 답하시오.

영국의 역사가 아놀드 토인비는 「역사의 연구」를 펴내며 역사 연구의 기본 단위를 국가가 아닌 문명으로 설정했다. 그는 예를 들어 영국이 대륙과 떨어져 있을지라도 유럽의 다른 나라들과 서로 영향을 미치며 발전해 왔으므로, 영국의 역사는 그 자체만으로는 제대로 이해할 수 없고 서유럽 문명이라는 틀 안에서 바라보아야 한다고 하였다. 그는 문명 중심의 역사를 이해하기 위한 몇 가지 가설들을 세웠다. 그리고 방대한 사료를 바탕으로 그 가설들을 검증하여 문명의 발생과 성장 그리고 쇠퇴 요인들을 규명하려 하였다.

토인비가 세운 가설들의 중심축은 '도전과 응전', '창조적 소수와 대중의 모방' 개념이다. 그에 의하면 환경의 도전에 대해 성공적으로 응전하는 인간 집단이 문명을 발생시키고 성장시킨다. 여기서 중요한 것은 그 환경이 역경이라는 점이다. 인간의 창의적 행동은 역경을 당해 이를 이겨 내려는 분투 과정에서 발생하기 때문이다.

토인비는 이 가설이 단순하게 도전이 강력할수록 그 도전이 주는 자극의 강도가 커지고 응전의 효력도 이에 비례한다는 식으로 해석되는 것을 막기 위해, 소위 '세 가지 상호 관계의 비교'를 제시하여 이 가설을 보완하고 있다. 즉 도전의 강도가 지나치게 크면 응전이 성공적일 수 없게 되며, 반대로 너무 작을 경우에는 전혀 반응이 나타나지 않고, 최적의 도전에서만 성공적인 응전이 나타난다는 것이다.

이렇게 성공적인 응전을 통해 나타난 문명이 성장하기 위해서는 그 후에도 지속적으로 나타나는 문제, 즉 새로운 도전들을 해결해야 한다. 토인비에 따르면 이를 해결하기 위해서는 그 사회의 창조적 인물들이 역량을 발휘해야 한다. 그러나 이들은 소수이기 때문에 응전을 성공적으로 이끌기 위해서는 다수의 대중까지 힘을 결집해야 한다. 이때 대중은 일종의 사회적 훈련인 '모방'을 통해 그들의 역할을 수행한다.

물론 모방은 모든 사회의 일반적인 특징으로서 문명을 발생시키지 못한 원시 사회에서도 찾아볼 수 있다. 여기에 대해 토인비는 모방의 유무가 중요한 것이 아니라 모방의 방향이 중요하다고 설명한다. 문명을 발생시키지 못한 원시 사회서 모방은 선조들과 구세대를 향한다. 그리고 죽은 선조들은 살아 있는 연장자의 배후에서 눈에 보이지 않게 그 권위를 강화해 준다. 그리하여 이 사회는 인습이 지배하게 되고 발전적 변화가 나타나지 않는다. 반대로 모방이 창조적 소수에게로 향하는 사회에서는 인습의 권위를 인정하지 않으므로 문명이 지속적으로 성장한다.

19 윗글에 나타난 '토인비의 견해'에 대한 이해로 적절한 것은?

① 문명은 최적의 도전에 대한 성공적 응전에서 나타난다.
② 모방의 존재 여부는 문명의 발생과 성장의 기준이 된다.
③ 역사는 국가를 기본 단위로 연구해야 제대로 이해할 수 있다.
④ 환경의 도전이 강력할수록 그에 대한 응전은 더 효과적으로 나타난다.
⑤ 선조에 기대어 기성세대의 권위가 강화되는 사회는 발전적 변화를 겪는다.

② 선조들과 구세대를 향한 모방은 문명을 일으킬 수 없다고 했다.
③ '역사 연구의 기본 단위를 국가가 아닌 문명으로 설정했다.'고 했다.
④ '도전의 강도가 지나치게 크면 응전이 성공적일 수 없게 되며, 반대로 너무 작을 경우에는 전혀 반응이 나타나지 않고, 최적의 도전에서만 성공적인 응전이 나타난다'고 했다.
⑤ '문명을 발생시키지 못한 원시 사회서 모방은 선조들과 구세대를 향한다. 그리고 죽은 선조들은 살아 있는 연장자의 배후에서 눈에 보이지 않게 그 권위를 강화해 준다. 그리하여 이 사회는 인습이 지배하게 되고 발전적 변화가 나타나지 않는다.'고 했다.

20 윗글을 바탕으로 다음 제시문을 이해한 내용으로 적절하지 않은 것은?

> 빙하기가 끝나고 나서 세계 여러 지역의 기후는 크게 달라졌다. 서남아시아 일부 초원 지역의 경우는 급속히 사막화가 진행되었다. 이 지역에서 수렵 생활을 하던 이들은 세 가지 서로 다른 길을 걸었다. 첫째 집단은 그대로 머물러 생활양식을 유지하며 겨우 생존만 하다가 멸망의 길로 들어섰다. 둘째 집단은 생활양식만을 변경하여 그 지역에서 유목생활을 하였다. 이들은 문명 단계에는 들어갔으나 더 이상의 발전이 없이 정체되고 말았다. 셋째 집단은 다른 지역인 티그리스, 유프라테스 강 유역으로 이주한 다음, 농경생활을 선택하여 새로운 고대 문명을 일구고 이어지는 문제들도 성공적으로 해결해 나갔다.

① 사막화는 서남아시아 일부 초원 지역 사람들이 당면했던 역경에 해당한다고 보아야겠군.
② 첫째 집단에서는 모방이 작용하는 방향이 선조들과 구세대를 향했다고 보아야겠군.
③ 둘째 집단이 문명을 발생시킨 후 이 집단의 창조적 소수들이 계속된 새로운 도전들을 해결했다고 보아야겠군.
④ 셋째 집단에서는 창조적 소수가 나타났고, 대중의 모방이 그들을 향했다고 보아야겠군.
⑤ 셋째 집단은 생활 터전과 생활양식으로 모두 바꾸는 방식으로 환경의 변화에 응전하여 문명을 발생시켰다고 보아야겠군.

 둘째 집단은 생활양식만을 변경하여 사막화된 지역에서 유목 생활을 지속하였다. 그리하여 이들은 문명 단계에는 들어갔으나 더 이상의 발전이 없이 정체되고 말았다. 때문에 토인비의 견해에 따르면 이 집단은 수렵 생활을 하던 사람들이 급속한 사막화라는 환경적 역경에 대해 성공적인 응전을 통해 문명을 발생시킨 경우라고 할 수 있다. 하지만 성공적인 응전을 통해 문명이 성장하기 위해서는 그 후에도 지속적으로 나타나는 문제를 해결하기 위해 그 사회의 창조적 인물(소수)들이 역량을 발휘해야 한다고 하였는데, 제시문의 둘째 집단은 더 이상 문명의 발전 없이 정체되고 말았다고 하였으므로, 둘째 집단은 그 집단의 창조적 소수들이 계속된 새로운 도전들을 해결했다고 볼 수 없다.

|21~24| 다음 글을 읽고 물음에 답하시오.

　　요즘 시청자들은 자신도 모르는 사이에 간접 광고에 수시로 노출되어 광고와 더불어 살아가는 환경에 놓이게 됐다. 방송 프로그램의 앞과 뒤에 붙어 방송되는 직접 광고와 달리 PPL(product placement)이라고도 하는 간접 광고는 프로그램 내에 상품을 배치해 광고 효과를 거두려 하는 광고 형태이다. 간접 광고는 직접 광고에 비해 시청자가 리모컨을 이용해 광고를 회피하기가 상대적으로 어려워 시청자에게 노출될 확률이 더 높다.

　　광고주들은 광고를 통해 상품의 인지도를 높이고 상품에 대한 호의적 태도를 확산시키려 한다. 간접 광고에서는 이러한 광고 효과를 거두기 위해 주류적 배치와 주변적 배치를 활용한다. 주류적 배치는 출연자가 상품을 사용·착용하거나 대사를 통해 상품을 언급하는 것이고, 주변적 배치는 화면 속의 배경을 통해 상품을 노출하는 것인데, 시청자들은 주변적 배치보다 주류적 배치에 더 주목하게 된다. 또 간접 광고를 통해 배치되는 상품이 자연스럽게 활용되어 프로그램의 맥락에 잘 부합하면 해당 상품에 대한 광고 효과가 커지는데 이를 맥락 효과라 한다.

　　우리나라는 1990년대 중반부터 극히 제한된 형태의 간접 광고만을 허용하는 ㉠협찬 제도를 운영해 왔다. 이 제도는 프로그램 제작자가 협찬 업체로부터 경비, 물품, 인력, 장소 등을 제공받아 활용하고 프로그램이 종료될 때 협찬 업체를 알리는 협찬 고지를 허용했다. 그러나 프로그램의 내용이 전개될 때 상품명이나 상호를 보여 주거나 출연자가 이를 언급해 광고 효과를 주는 것은 법으로 금지했다. 협찬 받은 의상의 상표를 보이지 않게 가리는 것은 그 때문이다.

　　우리나라는 협찬 제도를 그대로 유지하면서 광고주와 방송사 등의 요구에 따라 방송법에 '간접 광고'라는 조항을 신설하여 2010년부터 시행하였다. ㉡간접 광고 제도가 도입된 취지는 프로그램 내에서 광고를 하는 행위에 대해 법적인 규제를 완화하여 방송 광고 산업을 활성화하겠다는 것이었다. 이로써 프로그램 내에서 상품명이나 상호를 보여 주는 것이 허용되었다. 다만 시청권의 보호를 위해 상품명이나 상호를 언급하거나 구매와 이용을 권유하는 것은 금지되었다. 또 방송이 대중에게 미치는 영향력이 크기 때문에 객관성과 공정성이 요구되는 보도, 시사, 토론, 등의 프로그램에서는 간접 광고가 금지되었다. 그럼에도 불구하고 간접 광고 제도를 비판하는 사람들은 간접 광고로 인해 광고 노출 시간이 길어지고 프로그램의 맥락과 동떨어진 억지스러운 상품 배치가 빈번해 프로그램의 질이 떨어지고 있다고 주장한다.

　　이처럼 시청자의 인식 속에 은연 중 파고드는 간접 광고에 적절히 대응하기 위해서는 시청자들에게 간접 광고에 대한 주체적 해석이 요구된다. 미디어 이론가들에 따르면, 사람들은 외부의 정보를 주체적으로 해석할 수 있는 자기 나름의 프레임을 갖고 있어서 미디어의 콘텐츠를 수동적으로만 받아들이는 것은 아니다. 이것이 간접 광고를 분석하고 그것을 비판적으로 수용하는 미디어 교육이 필요한 이유이다.

21 윗글에 대한 설명으로 적절하지 않은 것은?

① 간접 광고의 개념과 특성을 밝히고 있다.
② 간접 광고와 관련된 제도를 소개하고 있다.
③ 간접 광고를 배치 방식에 따라 구분하고 있다.
④ 간접 광고 제도에 대한 비판적 견해를 소개하고 있다.
⑤ 간접 광고에 관한 이론의 발전 과정을 분석하고 있다.

 제시된 지문에서는 간접 광고와 관련된 제도의 변천 과정을 소개하고 있을 뿐 간접 광고 이론의 발전 과정을 분석하고 있지는 않다.

22 윗글을 통해 알 수 있는 내용으로 적절한 것은?

① 간접 광고에서 주변적 배치가 주류적 배치보다 더 시청자의 주목을 받는다.
② 간접 광고는 직접 광고에 비해 시청자가 즉각적으로 광고를 회피하기가 더 쉽다.
③ 간접 광고가 삽입된 프로그램을 시청할 때에는 수용자 개인의 프레임이 작동하지 않는다.
④ 직접 광고와 간접 광고는 광고가 시청자들에게 주는 효과의 정도에 따라 구분한 것이다.
⑤ 간접 광고가 광고인 것을 시청자가 알아차리지 못하는 동안에도 광고 효과는 발생할 수 있다.

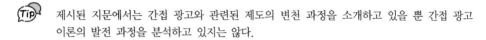 ⑤ 첫째 문단의 '요즘 시청자들은 자신도 모르는 사이에 간접 광고에 수시로 노출되어 광고와 더불어 살아가는 환경에 놓이게 됐다.'라는 내용과 다섯째 문단의 '이처럼 시청자의 인식 속에 은연 중 파고드는 간접 광고'라는 표현을 통해 알 수 있다.

Answer → 21.⑤ 22.⑤

23 ㉠과 ㉡에 대하여 추론한 내용으로 적절하지 않은 것은?

① ㉠이 시행되면서, 프로그램 내용이 전개될 때 상표를 노출할 수 있게 되어 방송 광고업계는 이 제도를 환영했겠군.

② ㉠에 따라 경비를 제공한 협찬 업체는 프로그램이 종료될 때의 협찬 고지를 통해서 광고 효과를 거둘 수 있겠군.

③ ㉡이 도입된 이후에는 프로그램 내용이 전개될 때 작위적으로 상품을 노출시키는 장면이 많아졌겠군.

④ ㉡을 도입할 때 보도와 토론 프로그램에서 간접 광고를 허용하지 않은 것은 방송의 공적 특성을 고려한 것이겠군.

⑤ ㉠에 따른 광고와 ㉡에 따른 광고 모두 맥락 효과를 얻을 수 있겠군.

 셋째 문단에서, 협찬 제도는 극히 제한된 형태의 간접 광고만을 허용하는 제도로, 프로그램이 종료될 때 협찬 업체를 알리는 협찬 고지는 허용하지만, 프로그램의 내용이 전개될 때 상품명이나 상호를 보여 주거나 출연자가 이를 언급해 광고 효과를 주는 것은 법으로 금지했다고 하였다. 따라서 협찬 제도가 시행되면서 프로그램 내용이 전개될 때 상표를 노출할 수 있게 되어 방송 광고업계는 이 제도를 환영했을 것이라고 추론할 수 없다.

24 윗글을 바탕으로 다음의 제시문을 이해한 내용으로 적절하지 않은 것은?

> 다음은 최근 인기 절정의 남녀 출연자가 등장한, 우리나라 방송 프로그램의 한 장면에 대한 설명이다.
>
> 연인 관계로 설정된 두 남녀가 세련되고 낭만적인 분위기의 커피 전문점에 앉아 있다. 남자가 사용하고 있는 휴대전화는 상표가 선명하게 보인다. 여자가 입고 있는 의상의 상표가 가려져서 시청자들은 상표를 알아볼 수 없다. 남자는 창밖에 보이는 승용차의 상품 명을 언급하며 소음이 없는 좋은 차라고 칭찬한다.
>
> 커피 전문점, 휴대 전화, 의상, 승용차는 이를 제공한 측과 방송사 측의 사전 계약에 의해 활용된 것이다. 커피 전문점의 이름과 의상을 제공한 업체의 이름은 이 프로그램이 종료될 때 고지되었다.

① 남자가 사용하는 휴대 전화의 제조 회사는 간접 광고의 주류적 배치를 활용하고 있군.

② 여자가 입고 있는 의상을 제공한 의류 회사는 간접 광고의 주변적 배치를 활용하고 있군.

③ 이 프로그램에는 협찬 제도에 따른 광고와 간접 광고 제도에 따른 광고가 모두 활용되고 있군.

④ 남자가 승용차에 대해 말하는 내용으로 보아 이 방송 프로그램은 현행 국내법을 위반하고 있군.

⑤ 방송 후 화면 속의 배경이 된 커피 전문점에 가려고 그 위치를 문의하는 전화가 방송사에 쇄도했다면 간접 광고의 맥락 효과가 발생한 것이군.

 윗글에서 주류적 배치는 출연자가 상품을 사용·착용하거나 대사를 통해 상품을 언급하는 것이고, 주변적 배치는 화면 속의 배경을 통해 상품을 노출하는 것이라고 설명하였으므로 제시문에서 여자는 의상을 입고 있으므로, 여자가 입고 있는 의상을 제공한 의류 회사는 간접 광고의 주변적 배치를 활용하고 있는 것이 아니라 주류적 배치를 활용하고 있다고 볼 수 있다.

19세기 중반 화학자 분젠은 불꽃 반응에서 나타나는 물질 고유의 불꽃색에 대한 연구를 진행하고 있었다. 그는 버너 불꽃의 색을 제거한 개선된 버너를 고안함으로써 물질의 불꽃색을 더 잘 구별할 수 있도록 하였다. 하지만 두 종류의 금속이 섞인 물질의 불꽃은 색깔이 겹쳐서 분간이 어려웠다. 이에 ㉠키르히호프는 프리즘을 통한 분석을 제안했고 둘은 협력하여 불꽃의 색을 분리시키는 분광 분석법을 창안했다. 이것은 과학사에 길이 남을 업적으로 이어졌다.

그들은 불꽃 반응에서 나오는 빛을 프리즘에 통과시켜 띠 모양으로 분산시킨 후 망원경을 통해 이를 들여다보는 방식으로 실험을 진행하였다. 빛이 띠 모양으로 분산되는 것은 빛이 파장이 짧을수록 굴절하는 각이 커지기 때문이다. 이 방법을 통해 그들은 알칼리 금속과 알칼리 토금속의 스펙트럼을 체계적으로 조사하여 그것들을 함유한 화합물들을 찾아내었다. 이 과정에서 그들은 특정한 금속의 스펙트럼에서 띄엄띄엄 떨어진 밝은 선의 위치는 그 금속이 홑원소로 존재하든 다른 원소와 결합하여 존재하든 불꽃의 온도에 상관없이 항상 같다는 결론에 도달하였다. 이로써 화학 반응을 이용하는 전통적인 분석 화학의 방법에 의존하지 않고도 정확하게 화합물의 원소를 판별해 내는 분광 분석법이 탄생하였다. 이 방법의 유효성은 그들이 새로운 금속 원소인 세슘과 루비듐을 발견함으로써 입증되었다.

1859년 키르히호프는 이 방법을 천문학 분야로까지 확장하였다. 그는 불꽃 반응 실험에서 관찰한 나트륨 스펙트럼의 두 개의 인접한 밝은 선과 1810년대 프라운호퍼가 프리즘을 이용하여 태양빛의 스펙트럼에서 검은 선이 나타나는 원인을 설명할 수 있었다. 그는 태양빛의 스펙트럼의 검은 선들 중에서 프라운호퍼의 D선이 나트륨 고유의 밝은 선들과 같은 파장에서 겹쳐지는 것을 확인하고, D선은 태양에서 비교적 차가운 부분인 태양 대기 중에 존재하는 나트륨 때문에 생긴다고 해석했다. 이것은 태양 대기 중의 나트륨이 태양의 더 뜨거운 부분에서 나오는 빛 가운데 D선에 해당하는 파장의 빛들을 흡수하기 때문이다. 태양빛의 스펙트럼을 보면 D선 이외에도 차가운 태양 대기 중의 특정 원소에 의해 흡수된 빛의 파장 위치에 검은 선들이 나타난다. 이 검은 선들은 그 특정 원소가 불꽃 반응에서 나타내는 스펙트럼 상의 밝은 선들과 나타나는 위치가 동일하다.

25 윗글을 바탕으로 할 때, ㉠의 업적으로 볼 수 있는 것은?

① 화학 반응을 이용하는 분석 화학 방법을 확립하였다.
② 태양빛의 스펙트럼에 검은 선이 존재함을 알아내었다.
③ 물질을 불꽃에 넣으면 독특한 불꽃색이 나타나는 것을 발견하였다.
④ 프리즘을 이용하여 태양빛의 스펙트럼을 얻는 방법을 창안하였다.
⑤ 천체에 가지 않고도 그 대기에 존재하는 원소에 대한 정보를 얻을 수 있는 길을 열었다.

 ⑤ 셋째 문단에서, 키르히호프는 불꽃 반응 실험에서 나온 금속 원소의 스펙트럼을 태양 빛의 스펙트럼과 비교하여 태양 대기 중에 존재하는 특정 원소의 존재를 파악할 수 있는 길을 열었다고 설명하고 있다. 이후 동료 과학자들이 이러한 분광 분석법을 적용하여 천체 대기의 화학적 조성을 밝혀냈다고 하였으므로, 결국 키르히호프는 분광 분석법을 통해 천체에 가지 않고도 그 대기에 존재하는 원소에 관한 정보를 얻을 수 있는 길을 열었다고 말할 수 있다.

26 윗글을 이해한 내용으로 가장 적절한 것은?

① 루비듐의 존재는 분광 분석법이 출현하기 전에 확인되었다.
② 빛을 프리즘을 통해 분산시키면 빛의 파장이 길수록 굴절하는 각이 커진다.
③ 금속 원소 스펙트럼의 밝은 선의 위치는 불꽃의 온도를 높여도 변하지 않는다.
④ 철이 태양 대기에 존재한다는 사실은 나트륨이 태양 대기에 존재한다는 사실보다 먼저 밝혀졌다.
⑤ 분젠은 두 종류 이상의 금속이 섞인 물질에서 나오는 각각의 불꽃색이 겹쳐지는 현상을 막아주는 버너를 고안하였다.

 둘째 문단에서, 분젠과 키르히호프는 불꽃 반응에서 나오는 빛을 프리즘에 통과시켜 띠 모양으로 분산시킨 후 망원경을 통해 이를 들여다보는 방식으로 실험을 진행했는데, 이 과정에서 특정한 금속의 스펙트럼에서 나타나는 밝은 선의 위치는 그 금속이 홑원소로 존재하든 다른 원소와 결합하여 존재하든 불꽃의 온도에 상관없이 항상 같다는 결론에 도달하였다고 설명하였으므로 ③이 가장 적절하다.

Answer↦ 25.⑤ 26.③

27 다음 주어진 글에 대한 내용으로 옳지 않은 것은?

> 혈액의 기본 기능인 산소 운반능력이 감소하면 골수에서는 적혈구 생산, 즉 조혈과정이 촉진된다. 조직 내 산소 농도의 감소가 골수에서의 조혈을 직접 촉진하지는 않는다. 신장에 산소 공급이 감소하면 신장에서 혈액으로 에리트로포이어틴을 분비하고 이 호르몬이 골수의 조혈을 촉진한다. 에리트로포이어틴은 적혈구가 성숙, 분화하도록 하여 혈액에 적혈구 수를 늘려서 조직에 충분한 양의 산소가 공급되도록 한다. 신장에 산소 공급이 충분히 이루어지면 에리트로포이어틴의 분비도 중단된다. 출혈이나 정상 적혈구가 과도하게 파괴된 경우 6배 정도까지 조혈 속도가 상승한다.
>
> 골수에서 생산된 성숙한 적혈구가 혈관을 따라 순환하려면 헤모글로빈 합성, 핵과 세포 내 소기관 제거 등의 과정을 거친다. 에리트로포이어틴의 자극을 받으면 적혈구는 수일 내에 혈액으로 흘러들어간다. 상당한 출혈로 적혈구 조혈이 왕성해지면 성숙하지 못한 망상적혈구가 골수에서 혈액으로 들어온다.
>
> 운동을 하는 근육은 계속해서 에너지를 생성하기 위해 산소를 요구한다. 혈액 도핑은 혈액의 산소 운반능력을 증가시키기 위해 고안된 기술이다. 자기 혈액을 이용한 혈액 도핑은 운동선수로부터 혈액을 뽑아 혈장은 선수에게 다시 주입하고 적혈구는 냉장 보관하다가 시합 1~7일 전에 주입하는 방법이다. 시합 3주 전에 450mL정도의 혈액을 뽑아내면 시합 때까지 적혈구 조혈이 왕성해져서 근육 내 산소 농도는 피를 뽑기 전의 정상수준으로 증가한다. 그리고 저장한 적혈구를 재주입하면 적혈구 수와 헤모글로빈이 증가한다. 표준 운동시험에서 혈액 도핑을 받은 선수는 도핑을 하지 않은 경우와 비교해 유산소 운동 능력이 5~13% 증가한다. 이처럼 운동선수의 적혈구가 증가하여 경기 능력 향상에 도움이 되지만, 혈액의 점성이 증가해 부작용이 발생할 수도 있다.
>
> 합성 에리트로포이어틴을 이용한 혈액 도핑 문제도 심각하다. 합성 에리트로포이어틴 투여는 격렬한 운동이 요구되는 선수의 경기 능력을 7~10% 향상시킨다는 것이 입증되어, 많은 선수들이 암암리에 사용하고 있다. 1987년 유럽 사이클 선수 20명의 사망 원인으로 합성 에리트로포이어틴이 의심되고 있지만, 많은 선수들이 이러한 위험을 기꺼이 감수하고 있다.

① 적혈구가 많을수록 유산소 운동능력 향상에 도움이 된다.
② 혈액 도핑을 위해 혈액을 뽑은 뒤 근육 내 산소 농도를 원래만큼 회복하기 전에 다시 혈액을 주입할 시 도핑 효과가 떨어질 것이다.
③ 혈액 도핑을 위해 혈액을 뽑으면, 운동선수의 혈관 내 혈액에서는 망상적혈구를 볼 수 있을 것이다.
④ 합성 에리트로포이어틴을 주입할 시 신장을 자극하여 적혈구 생산을 촉진하기 때문에 운동 효과가 극대화 된다.
⑤ 자기 혈액을 이용한 도핑으로 혈액의 점성이 높아지는 부작용이 있다.

④ 신장은 적혈구의 생산에 직접 관여하지 않으며 신장에 산소공급이 감소될 시 분비되는 에리트로포이어틴이 골수를 자극하여 적혈구 생산을 촉진한다. 따라서 에리트로포이어틴이 신장을 자극한다는 것을 옳지 않다.

28 다음 글의 중심내용으로 가장 적절한 것은?

> 행랑채가 퇴락하여 지탱할 수 없게끔 된 것이 세 칸이었다. 나는 마지못하여 이를 모두 수리하였다. 그런데 그중의 두 칸은 앞서 장마에 비가 샌 지가 오래되었으나, 나는 그것을 알면서도 이럴까 저럴까 망설이다가 손을 대지 못했던 것이고, 나머지 한 칸은 비를 한 번 맞고 샜던 것이라 서둘러 기와를 갈았던 것이다. 이번에 수리하려고 본즉 비가 샌 지 오래된 것은 그 서까래, 추녀, 기둥, 들보가 모두 썩어서 못 쓰게 되었던 까닭으로 수리비가 엄청나게 들었고, 한 번밖에 비를 맞지 않았던 한 칸의 재목들은 완전하여 다시 쓸 수 있었던 까닭으로 그 비용이 많이 들지 않았다.
> 나는 이에 느낀 것이 있었다. 사람의 몸에 있어서도 마찬가지라는 사실을. 잘못을 알고서도 바로 고치지 않으면 곧 그 자신이 나쁘게 되는 것이 마치 나무가 썩어서 못 쓰게 되는 것과 같으며, 잘못을 알고 고치기를 꺼리지 않으면 해(害)를 받지 않고 다시 착한 사람이 될 수 있으니, 저 집의 재목처럼 말끔하게 다시 쓸 수 있는 것이다. 뿐만 아니라 나라의 정치도 이와 같다. 백성을 좀먹는 무리들을 내버려두었다가는 백성들이 도탄에 빠지고 나라가 위태롭게 된다. 그런 연후에 급히 바로잡으려 하면 이미 썩어 버린 재목처럼 때는 늦은 것이다. 어찌 삼가지 않겠는가.

① 모든 일에 기초를 튼튼히 해야 한다.
② 청렴한 인재 선발을 통해 정치를 개혁해야 한다.
③ 잘못을 알게 되면 바로 고쳐 나가는 자세가 중요하다.
④ 훌륭한 위정자가 되기 위해서는 매사 삼가는 태도를 지녀야 한다.
⑤ 모든 일에는 순서가 있는 법이다.

 첫 번째 문단에서 문제를 알면서도 고치지 않았던 두 칸을 수리하는 데 수리비가 많이 들었고, 비가 새는 것을 알자마자 수리한 한 칸은 비용이 많이 들지 않았다고 하였다. 또한 두 번째 문단에서 잘못을 알면서도 바로 고치지 않으면 자신이 나쁘게 되며, 잘못을 알자마자 고치기를 꺼리지 않으면 다시 착한 사람이 될 수 있다며 이를 정치에 비유해 백성을 좀먹는 무리들을 내버려 두어서는 안 된다고 서술하였다. 따라서 글의 중심내용으로는 잘못을 알게 되면 바로 고쳐 나가는 것이 중요하다가 적합하다.

Answer ⇢ 27.④ 28.③

29 다음 글의 제목으로 가장 적절한 것은?

> 어느 대학의 심리학 교수가 그 학교에서 강의를 재미없게 하기로 정평이 나 있는, 한 인류학 교수의 수업을 대상으로 실험을 계획했다. 그 심리학 교수는 인류학 교수에게 이 사실을 철저히 비밀로 하고, 그 강의를 수강하는 학생들에게만 사전에 몇 가지 주의 사항을 전달했다. 첫째, 그 교수의 말 한 마디 한 마디에 주의를 집중하면서 열심히 들을 것. 둘째, 얼굴에는 약간 미소를 띠면서 눈을 반짝이며 고개를 끄덕이기도 하고 간혹 질문도 하면서 강의가 매우 재미있다는 반응을 겉으로 나타내며 들을 것.
>
> 한 학기 동안 계속된 이 실험의 결과는 흥미로웠다. 우선 재미없게 강의하던 그 인류학 교수는 줄줄 읽어 나가던 강의 노트에서 드디어 눈을 떼고 학생들과 시선을 마주치기 시작했고 가끔씩은 한두 마디 유머 섞인 농담을 던지기도 하더니, 그 학기가 끝날 즈음엔 가장 열의 있게 강의하는 교수로 면모를 일신하게 되었다. 더욱 더 놀라운 것은 학생들의 변화였다. 처음에는 실험 차원에서 열심히 듣는 척하던 학생들이 이 과정을 통해 정말로 강의에 흥미롭게 참여하게 되었고, 나중에는 소수이긴 하지만 아예 전공을 인류학으로 바꾸기로 결심한 학생들도 나오게 되었다.

① 학생 간 의사소통의 중요성
② 교수 간 의사소통의 중요성
③ 언어적 메시지의 중요성
④ 공감하는 듣기의 중요성
⑤ 실험정신의 중요성

 제시된 글은 실험을 통해 학생들의 열심히 듣기와 강의에 대한 반응이 교수의 말하기에 미친 영향을 보여 주고 있다. 즉, 경청, 공감하며 듣기의 중요성에 대해 보여 주는 것이다.

30 글의 앞뒤 내용을 바탕으로, (가)~(라)를 논리적 흐름이 자연스럽게 배열한 것은?

> 이십 세기 한국 지성인의 지적 행위는 그들이 비록 한국인이라는 동양 인종의 피를 받고 있음에도 불구하고 대체적으로 서양이 동양을 해석하는 그러한 틀 속에서 이루어졌다.
>
> > (가) 그러나 그 역방향 즉 동양이 서양을 해석하는 행위는 실제적으로 부재해 왔다. 이러한 부재 현상의 근본 원인은 매우 단순한 사실에 기초한다.
> > (나) 동양이 서양을 해석한다고 할 때에 그 해석학적 행위의 주체는 동양이어야만 한다.
> > (다) '동양은 동양이다.'라는 토톨러지(tautology)나 '동양은 동양이어야 한다.'라는 당위 명제가 성립하기 위해서는 동양인인 우리가 동양을 알아야 한다.
> > (라) 그럼에도 우리는 동양을 너무도 몰랐다. 동양이 왜 동양인지, 왜 동양이 되어야만 하는지 아무도 대답을 할 수가 없었다.
>
> 동양은 버려야 할 그 무엇으로서만 존재 의미를 지녔다. 즉, 서양의 해석이 부재한 것이 아니라 서양을 해석할 동양이 부재했다.

① (가) – (나) – (다) – (라)
② (나) – (다) – (라) – (가)
③ (다) – (라) – (가) – (나)
④ (라) – (가) – (나) – (다)
⑤ (다) – (나) – (가) – (라)

 첫 문장에서 서양에 의한 동양의 해석이 나타나고 있고 그 이후에는 동양이 서양을 해석하는 것의 부제에 대해 서술하고 있으므로 (가) '그러나'이후의 문장으로 반론을 제시하고 (가)에서 말한 동양이 서양을 해석하는 행위의 주체는 동양이어야 한다고 자연스럽게 (나)로 이어진다. (라)의 '그럼에도'는 (다)의 '~ 알아야 한다'와 자연스럽게 이어지므로 글의 순서는 (가) – (나) – (다) – (라)가 옳다.

Answer → 29.④ 30.①

상황판단

예시문항

Q 아래는 이야기 내용과 그에 관한 설명이다. 이야기에 관한 설명 중 이야기 내용과 일치하는
것은 모두 몇 개인가?

[이야기 내용] 미용사가 한 여성의 머리를 커트하고 있었고, 한 남성은 옆의 소파에 앉
아 기다리고 있었다. 이 여성에 대한 커트가 끝나자, 기다리던 남성도 머리를 커트하
였다. 커트 비용으로 여자 미용사는 남성으로부터 모두 10,000원을 받았다. 이들 3사
람 외에 다른 사람은 없었다.

[이야기에 관한 설명]
1. 이 미용실의 손님은 여성과 남성 각각 1명씩이었다.
2. 이 미용실의 미용사는 여성이다.
3. 여자 미용사는 남성의 머리를 커트하였다.
4. 돈을 낸 사람은 머리를 커트한 남자 손님이었다.
5. 이 미용실의 커트 비용은 일인당 5,000원이었다.
6. 머리를 커트한 사람은 모두 2명이다.

① 0개   ② 1개

③ 2개   ④ 3개

⑤ 4개

1. [이야기 내용] 마지막 문장에서 3사람 외에 다른 사람은 없었다고 하였으므로, 미용실에는 여자 미용사 1명, 여성 손님 1명, 남성 손님 1명이 있었다. → ○

2. 세 번째 문장에서 '커트 비용으로 여자 미용사는 ~'이라고 언급하고 있으므로 이 미용실의 미용사는 여성이다. → ○

3. 두 번째 문장에서 '여성에 대한 커트가 끝나자, 기다리던 남성도 머리를 커트하였다'라고 하였으므로 여자 미용사는 남성의 머리를 커트하였다. → ○

4. '커트 비용으로 여자 미용사는 남성으로부터 모두 10,000원을 받았다.' 이 문장만으로 '돈을 낸' 사람이 머리를 커트한 남자 손님이라고 단정할 수는 없다. → ×

5. [이야기 내용]만으로는 이 미용실의 일인당 커트 비용을 알 수 없다. → ×

6. 두 번째 문장에서 '여성에 대한 커트가 끝나자, 기다리던 남성도 머리를 커트하였다'라고 하였으므로 머리를 커트한 사람은 모두 2명이다. → ○

답 ⑤

┃1~5┃ [이야기 내용]과 [이야기에 관한 설명]을 보고 일치하는 것은 모두 몇 개인지 고르시오.

1

> [이야기 내용] '다다'는 두 동물 사이에서 맺는 신비스런 관계이다. x와 y가 다다라는 것은, y와 x가 다다라는 것도 의미한다. 어둠의 동물들인 A, B, C, D는 외부와의 접촉을 완전히 차단한 채, 험준한 산악 마을인 바람마을에 살고 있다. 바람마을에 있는 동물는 이 네 명 외에는 없다. 이들 사이에 다음과 같은 관계가 성립한다. A와 D가 다다라면, A와 B가 다다일 뿐 아니라 A와 C도 다다이다. C와 D가 다다라면, C와 B도 다다이다. D와 A가 다다가 아니고 D와 C도 다다가 아니라면, 바람마을의 그 누구도 D와 다다가 아니다. B와 D가 다다이거나, C와 D가 다다이다. A와 다다가 아닌 동물이 B, C, D 중에 적어도 한 명은 있다.
>
> [이야기에 관한 설명]
> 1. 바람마을에 D와 다다인 동물이 있다.
> 2. A와 D는 다다이다.
> 3. C와 B는 다다일 수 없는 관계이다.
> 4. C와 다다인 다른 동물을 찾을 수 없다.
> 5. A와 다다가 아닌 동물이 있다.
> 6. B와 다다인 동물이 D와도 다다이다.

① 0개
② 1개
③ 2개
④ 3개
⑤ 4개

 A와 D가 다다일 경우 A는 B와 C 모두와 다다 관계가 성립하게 되는데 A와 다다가 아닌 동물이 존재한다고 했으므로 A와 D는 다다가 아니다. 2−(×), 5−(○)
D는 C와 B 중 하나와 다다인데, 'D와 A가 다다가 아니고 D와 C도 다다가 아니라면, 바람마을의 그 누구도 D와 다다가 아니다'의 대우 명제에 따르면 바람마을 동물 중 누군가가 D와 다다면 D와 A가 다다이거나, D와 C가 다다이다. D와 A는 다다가 아니므로 D와 C는 다다이고, C와 B도 다다이다. 1,6−(○), 3,4−(×)

2

[이야기 내용] 과거 표준시가 정착되기 이전에도 오늘날의 호텔처럼 미국의 기차역에는 여러 개의 시계가 걸려 있었다. 다른 점이 있다면 시계 밑에 붙어 있는 명찰에는 서울, 홍콩, 베를린, 파리 같은 도시명 대신 '뉴욕 센트럴 레일웨이'와 '볼티모어 앤 오하이오' 같은 미국의 철도회사 이름이 적혀 있었다는 것이다. 즉 시간의 기준은 철도회사가 정하였고, 이에 따라 철도회사의 수만큼 다양한 시간이 존재했다. 1870년대의 '펜실베니아' 철도회사는 필라델피아 시간을 기준으로 열차를 운행하면서 자신이 운행하는 노선의 역들에 이 기준시간에 따른 시간표를 배포했다. '뉴욕 센트럴 레일웨이'는 그랜드 센트럴 역의 '밴더빌트 시간'을 기준으로 열차를 운행했다. 이 두 회사는 가까운 지역에서 영업을 했는데도 통일된 열차 시간을 공유하지 못했다. 만약 여행자가 피츠버그 역에서 열차를 갈아타야 할 경우 갈아탈 시각과 함께 어느 회사에서 운행하는 열차인지도 알아야 했다. 어느 한 회사의 시간을 기준으로 삼을 경우 다른 회사의 시간표는 무용지물이 되기 일쑤였다.

[이야기에 관한 설명]
1. 운행지역이 다른 철도회사는 다른 시간을 기준으로 열차를 운행해야 한다.
2. 표준시가 정착되기 이전 호텔에는 도시명 대신 철도회사의 이름이 같이 붙은 시계가 걸려있었다.
3. 표준시가 정착되기 이전에는 철도회사가 시간의 기준에 관여했다.
4. 한 철도회사의 시간이라도 정확하게 알고 있으면 열차를 갈아타는데 도움이 된다.
5. 철도회사는 각 역에 맞춘 시간의 기준을 정해야 했다.
6. 철도회사가 많을 수록 많은 시간이 존재하였다.

① 0개   ② 1개
③ 2개   ④ 3개
⑤ 4개

 3. 표준시가 정착되기 이전에는 철도회사가 시간의 기준을 정하였다.
6. 철도회사마다 다른 시간의 기준을 사용한다고 했으므로 철도회사 수만큼 많은 시간이 존재하였다.
1. 철도회사가 다른 시간을 기준으로 열차를 운행했던 것은 운행지역이 달라서가 아니라 모든 철도회사가 다른 시간의 기준을 가지고 있었기 때문이었다.
2. 과거 표준시가 정착되기 이전에는 호텔이 아닌 기차역에 철도회사의 이름이 붙은 시계가 걸려있었다.
4. 열차를 갈아타기 위해서는 두 철도 회사의 기준 시간을 알아야 하고 한 철도회사의 기준 시간을 기준으로 삼을 경우 다른 회사의 시간표는 무용지물이 되어버린다.
5. 철도회사는 각 역에 맞춘 시간의 기준을 정하는 것이 아닌 각 철도회사가 정한 기준의 시간을 역에서 사용하는 것이다.

Answer↱ 1.④ 2.③

3

[이야기 내용] 영업부서에서는 올해부터 직원을 선정하여 국외 연수를 보내기로 하였다. 선정 결과 가영, 나준, 다석이 미국, 중국, 프랑스에 한 명씩 가기로 하였다. 같은 부서에 근무하는 직원들은 이를 듣고 누가 어디로 갈지 예측을 해보았다. 갑은 가영이는 미국에 가고 나준이는 프랑스에 갈 것이라고 말했다. 을은 나준이가 프랑스에서 가지 않으면 가영이는 미국에 가지 않을 것이라고 했다. 이에 병은 나준이가 프랑스에 가고 다석이가 중국에 가는 그런 경우는 없을 거라고 했다. 정은 다석이는 중국에 가지 않고 가영이는 미국에 가지 않을 것이라고 예측했다. 나중에 최종 결과가 나오고 보니 을과 병의 예측 중 적어도 한 가지는 그른 예측이 있었고 네 사람의 예측 중 두 사람의 예측만 들어맞았다.

[이야기에 관한 설명]
1. 가영이는 미국에 간다.
2. 나준이는 프랑스에 가게 될지 알 수 없다.
3. 갑과 정의 예측은 양립할 수 있다.
4. 정의 예측이 옳은지 아닌지는 알 수 없다.
5. 갑의 예측이 옳고 을의 예측이 옳지 않다.
6. 병의 예측이 옳다.

① 0개   ② 1개
③ 2개   ④ 3개
⑤ 4개

 주어진 이야기에서 네 사람의 이야기 중 두 사람의 이야기는 옳고 을과 병의 이야기 중 적어도 하나는 옳지 않다고 했는데 갑과 정의 이야기는 양립할 수 없으므로 둘 중 하나만이 참이고 따라서 을과 병도 둘 중 하나만이 참이다. 3-(×)
병의 예측이 참인 경우 을의 예측도 참이 되므로 병의 예측은 거짓이고 을의 예측만이 참이다. 6-(×)
을의 예측이 참이므로 을의 대우 명제인 '가영이가 미국에 가면 나준이는 프랑스에 간다.'도 참이 되므로 갑의 예측도 참이며 정의 예측은 거짓이 된다. 1-(○), 2,4,5-(×)

4

[이야기 내용] A국의 역사를 보면 갑, 을, 병, 정의 네 나라가 시대 순으로 연이어 존재했다. 네 나라의 수도는 각각 달랐는데 관주, 금주, 평주 한주 중 하나였다. 한주가 수도인 나라는 평주가 수도인 나라의 바로 전 시기에 있었고, 금주가 수도인 나라는 관주가 수도인 나라의 바로 다음 시기에 있었으나, 정보다는 이전 시기에 있었다. 병은 가장 먼저 있었던 나라는 아니지만, 갑보다 이전 시기에 있었다. 병과 정은 시대 순으로 볼 때 연이어 존재하지 않았다.

[이야기에 관한 설명]
1. 금주는 갑의 수도이다.
2. 관주는 병의 수도이다.
3. 평주는 정의 수도이다.
4. 을은 갑의 다음 시기에 존재하였다.
5. 평주는 가장 마지막에 존재한 나라의 수도이다.
6. 을과 병은 연이어 존재했다.

① 0개 　　　　　　　　② 1개
③ 2개 　　　　　　　　④ 3개
⑤ 4개

(Tip) 한주가 수도인 나라는 평주가 수도인 나라의 바로 전 시기에 있었고, 금주가 수도인 나라는 관주가 수도인 나라 바로 다음 시기에 있었으나 정보다는 이전 시기에 있었으므로 수도는 관주 > 금주 > 한주 > 평주 순임을 알 수 있다. 병은 가장 먼저 있었던 나라는 아니지만, 갑보다 이전 시기에 있었으므로 두 번째나 세 번째가 되는데, 병과 정이 시대 순으로 볼 때 연이어 존재하지 않았으므로 을 > 병 > 갑 > 정이 되어야 한다. 따라서 나라와 수도를 연결해 보면, 을 – 관주, 병 – 금주, 갑 – 한주, 정 – 평주가 되며 [이야기 내용]과 일치하는 것은 3, 5, 6이다.

5

[이야기 내용] 어떤 회사의 사원 평가 결과 모든 사원이 최우수, 우수, 보통 중 한 등급으로 분류되었다. 최우수에 속한 사원은 모두 45세 이상이었다. 35세 이상의 사원은 우수에 속하거나, 자녀를 두고 있지 않았다. 우수에 속한 사원은 아무도 이직경력이 없다. 보통에 속한 사원은 모두 대출을 받고 있으며, 무주택자인 사원 중에는 대출을 받고 있는 사람이 없다. 이 회사의 직원 A는 자녀가 있으며 이직경력이 있는 사원이다.

[이야기에 관한 설명]
1. A는 35세 미만이다.
2. A는 45세 이상이다.
3. A는 무주택자이다.
4. A는 주택을 소유하고 있다.
5. A는 사원 평가 결과 보통에 해당한다.
6. A는 대출을 받고 있다.

① 0개   ② 1개
③ 2개   ④ 3개
⑤ 4개

 마지막 단서에서 추론을 시작하면, 직원 A는 이직경력이 있기 때문에 사원 평가 결과가 우수에 속하지 않는다. 따라서 최우수 또는 보통인데, 35세 이상의 사원은 우수에 속하거나 자녀를 두고 있지 않았으므로 자녀를 두고 있는 A는 35세 미만임을 알 수 있다. 최우수에 속한 사원은 모두 45세 이상이었으므로 A의 사원 평가 결과는 보통이며, 다섯 번째 문장에 따라 대출을 받고 있는 주택 소유자이다. 정리하면, 직원 A는 35세 미만의 주택 소유자로 대출을 받고 있으며 사원 평가 결과는 보통이다.

6 다음 글을 근거로 판단할 때, ○○백화점이 한 해 캐롤 음원이용료로 지불해야 하는 최대 금액은?

> ○○백화점에서는 매년 크리스마스 트리 점등식(11월 네 번째 목요일) 이후 돌아오는 첫 월요일부터 크리스마스 (12월 25일)까지 백화점 내에서 캐롤을 틀어 놓는다(단, 휴점일 제외). 이 기간 동안 캐롤을 틀기 위해서는 하루에 2만 원의 음원이용료를 지불해야 한다. ○○백화점 휴점일은 매월 네 번째 수요일이지만, 크리스마스와 겹칠 경우에는 정상영업을 한다.

① 48만 원 ② 52만 원
③ 58만 원 ④ 60만 원
⑤ 62만 원

 최대 음원이용료를 구하는 것이므로 12월 25일은 네 번째 수요일이거나 수요일 이전이어야 한다. 또한 11월 네 번째 목요일 이후 돌아오는 월요일부터 11월 마지막 날까지의 기간을 최대로 가정하면 11월 1일이 목요일일 경우(네 번째 목요일이 22일, 네 번째 수요일이 28일)와 수요일일 경우(네 번째 수요일이 22일, 네 번째 목요일이 23일) 모두 11월 4일 동안 캐롤을 틀 수 있고, 12월에 25일 동안 캐롤을 틀 수 있으므로 (4+25)×20,000원=58만 원이 된다.

7 다음 명제가 참일 때, 항상 참인 것은?

> • 클래식을 좋아하는 사람은 독서를 좋아한다.
> • 독서를 좋아하는 사람은 서점에 자주 간다.
> • 내성적인 사람은 독서를 좋아한다.
> • 그러므로 _____

① 내성적인 사람은 클래식을 좋아한다.
② 클래식을 좋아하는 사람은 서점에 자주 간다.
③ 독서를 좋아하지 않는 사람은 서점에 자주 가지 않는다.
④ 내성적인 사람은 주로 서점에 모인다.
⑤ 취미를 가지고 성격을 판단할 수 있다.

 ② '클래식을 좋아함→독서를 좋아함→서점에 자주감'이 성립하므로 '클래식을 좋아함→ 서점에 자주 감'이 항상 참이다.
① 세 번째 문장의 역인 '독서를 좋아하는 사람은 내성적이다'는 항상 참이 되지 않으므로 ①번 문장 역시 항상 참이 될 수 없다.
③ 두 번째 문장의 이의 관계인 문장이므로 항상 참이 될 수 없다.
④⑤ 주어진 문장만으로는 알 수 없다.

8 다음에 제시된 세 개의 명제가 참이라고 할 때, 결론 A, B에 대한 판단으로 알맞은 것은?

> 명제 1. 강 사원이 외출 중이면 윤 사원도 외출 중이다.
> 명제 2. 윤 사원이 외출 중이 아니면 박 사원도 외출 중이 아니다.
> 명제 3. 박 사원이 외출 중이 아니면 강 사원도 외출 중이 아니다.
>
> 결론 A. 윤 사원이 외출 중이 아니면 강 사원도 외출 중이 아니다.
> 결론 B. 박 사원이 외출 중이면 윤 사원도 외출 중이다.

① A만 옳다.　　　　　　　　　　② B만 옳다.
③ A, B 모두 옳다.　　　　　　　　④ A, B 모두 옳지 않다.
⑤ 옳은지 그른지 알 수 없다.

 명제 2와 3을 삼단논법으로 연결하면, '윤 사원이 외출 중이 아니면 강 사원도 외출 중이 아니다.'가 성립되므로 A는 옳다. 또한, 명제 2가 참일 경우 대우명제도 참이어야 하므로 '박 과장이 외출 중이면 윤 사원도 외출 중이다.'도 참이어야 한다. 따라서 B도 옳다.

9 A, B, C, D, E 다섯 명의 단원이 점심 식사 후 봉사활동을 하러 가야 한다. 다음의 〈조건〉을 모두 만족할 경우, 옳지 않은 주장은?

〈조건〉
- B는 C보다 먼저 봉사활동을 하러 나갔다.
- A와 B 두 사람이 동시에 가장 먼저 봉사활동을 하러 나갔다.
- E보다 늦게 봉사활동을 하러 나간 사람이 있다.
- D와 동시에 봉사활동을 하러 나간 사람은 없었다.

① E가 D보다 먼저 봉사활동을 하러 나가는 경우가 있다.
② C와 D 중, C가 먼저 봉사활동을 하러 나가는 경우가 있다.
③ E가 C보다 먼저 봉사활동을 하러 나가는 경우는 없다.
④ A의 경우 항상 C나 D보다 먼저 봉사활동을 하러 나간다.
⑤ D의 경우 가장 늦게 봉사활동을 하러 나가는 경우가 있다.

(Tip) 다섯 사람 중 A와 B가 동시에 가장 먼저 봉사활동을 하러 나가게 되었으며, C~E는 A와 B보다 늦게 봉사활동을 하러 나가게 되었음을 알 수 있다. 따라서 다섯 사람의 순서는 E의 순서를 변수로 다음과 같이 정리될 수 있다.
㉠ E가 두 번째로 봉사활동을 하러 나가게 되는 경우

첫 번째	두 번째	세 번째	네 번째
A, B	E	C 또는 D	C 또는 D

첫 번째	두 번째	세 번째
A, B	E, C	D

㉡ E가 세 번째로 봉사활동을 하러 나가게 되는 경우

첫 번째	두 번째	세 번째	네 번째
A, B	C 또는 D	E	C 또는 D

따라서 E가 C보다 먼저 봉사활동을 하러 나가는 경우가 있으므로 보기 ③과 같은 주장은 옳지 않다.

10 다음의 내용을 근거로 판단했을 때 옳지 않은 것은?

> 甲, 乙, 丙이 자유투 대결을 한다. 대결은 총 5회까지 진행하며, 회마다 자유투를 성공할 때까지 자유투 시도 횟수를 합산하여 그 값이 가장 작은 사람이 게임에서 우승한다.
>
> 다음은 세 사람의 점수를 회차 별로 기록한 것인데, 4회와 5회의 결과가 실수로 지워졌다. 그 중 한 회차에서 세 사람의 점수가 모두 같았고, 다른 한 라운드에서 한 번에 자유투를 성공한 사람이 있었다.
>
> | | 1회 | 2회 | 3회 | 4회 | 5회 | 합계 |
> |---|---|---|---|---|---|---|
> | 甲 | 2 | 4 | 3 | | | 16 |
> | 乙 | 5 | 4 | 2 | | | 17 |
> | 丙 | 5 | 2 | 6 | | | 18 |

① 3회까지 점수를 보면 甲이 1위이다.
② 자유투를 한 번에 성공한 사람이 누군지 알 수 없다.
③ 각 회마다 1위한 사람에게 1점씩 부여하여 최종 점수를 낸다면 丙이 우승한다.
④ 4회와 5회의 점수만 본다면 甲 최하위이다.
⑤ 丙은 회마다 점수가 다르다.

 ② 주어진 점수표를 통해 甲~丙이 4,5회에 받은 점수는 甲-7, 乙-6, 丙-5가 된다. 한 회의 점수가 모두 동점이고 다른 회에서 한 사람이 자유투를 한 번에 성공하여 1점을 받았다. 만약 甲이나 乙이 1점을 받는다면 점수가 동점인 회의 점수가 6점이나 5점이 되므로 丙의 점수표가 완성될 수 없어 자유투를 한 번에 성공한 사람은 丙이다. 丙이 자유투를 1회를 성공하면 다음과 같은 점수표가 완성된다.

	1회	2회	3회	4회	5회	합계
甲	2	4	3	3	4	16
乙	5	4	2	2	4	17
丙	5	2	6	1	4	18

다음 밑줄 친 빈칸에 들어갈 가장 알맞은 문장을 고르시오.

11

> 모든 국회의원은 정치가이다.
> 어느 시인도 정치가가 아니다.
> _____

① 그러므로 모든 시인은 국회의원이 아니다.
② 그러므로 어느 시인도 국회의원이 아니다.
③ 그러므로 모든 국회의원은 정치가가 아니다.
④ 그러므로 모든 시인은 정치가가 아니다.
⑤ 그러므로 어느 국회의원은 정치가가 아니다.

- 모든 국회의원은 정치가이다.(모든 P는 M이다.)
- 어느 시인도 정치가가 아니다.(어느 S도 M이 아니다.)
- 그러므로 어느 시인도 국회의원이 아니다.(그러므로 어느 S도 P가 아니다.)

 PLUS TIP

논증의 타당성과 건전성

인적성검사의 논증 문제에서 우리가 쉽게 범할 수 있는 오류 중 하나는 논증의 타당성과 건전성을 혼동하는 것이다. 논증을 평가하려면 다음의 두 가지를 확인해야 한다.
첫째, 논증을 구성하고 있는 명제들은 참인가 거짓인가?
둘째, 전제들은 결론을 위한 근거, 증거 또는 이유를 구성하는가?
첫 번째 물음은 사실적, 과학적이고, 두 번째 물음은 논리적이다. 두 번째 물음은 증거와 결론 사이의 관계에 관한 물음이다. 논리학은 명제의 참·거짓을 사실적으로 확인하는 작업은 하지 않으며 논증이 올바른 이유를 밝히는 작업을 한다.
예를 들어, "한국은 미국에 있다. 파리는 한국에 있다. 그러므로 파리는 미국에 있다."는 논증은 거짓 명제들로 구성되어 있지만 올바른 논증이다. 즉, 연역 논증에만 한정시켜 볼 때, 논증의 타당성은 논증을 구성하는 진술의 내용이 아니라 논리적 형식에 의해 결정된다.

12

단 것을 먹으면 집중이 잘 된다.
집중이 잘 되면 시험을 잘 본다.
초콜릿은 단 맛이 난다.
_____

① 그러므로 시험을 잘 봐야 공부할 의욕이 생긴다.
② 그러므로 학생들은 초콜릿만 먹는다.
③ 그러므로 초콜릿을 먹으면 집중이 잘 된다.
④ 그러므로 초콜릿 소비량이 늘고 있다.
⑤ 그러므로 나이가 어릴 수록 초콜릿의 효과가 좋다.

 ③ 초콜릿→단 맛→집중력이 좋아짐→시험을 잘 봄

13

모든 풀을 먹는 동물은 털이 부드럽다.
어느 풀을 먹는 동물도 겨울잠을 자지 않는다.
_____

① 그러므로 털이 부드러운 동물은 풀을 먹지 않는다.
② 그러므로 산에 살지 않는 동물은 풀을 먹지 않는다.
③ 그러므로 풀을 먹지 않는 동물도 겨울잠을 잔다.
④ 그러므로 산에 사는 동물은 겨울잠을 잔다.
⑤ 그러므로 어느 겨울잠을 자는 동물도 털이 부드럽지 않다.

 모든 풀을 먹는 동물은 털이 부드럽다.(모든 M은 P이다.)
어느 풀을 먹는 동물도 겨울잠을 자지 않는다.(어느 M도 S가 아니다.)
그러므로 겨울잠을 자는 동물도 털이 부드럽지 않다.(그러므로 어느 S도 P가 아니다.)

14

> 어느 돌멩이도 부서지지 않는다.
> 어떤 보석은 돌멩이다.
> _____

① 그러므로 모든 돌멩이는 보석이 될 수 있다.
② 그러므로 어떤 보석은 부서지지 않는다.
③ 그러므로 모든 보석은 돌멩이다
④ 그러므로 어느 보석이 돌멩이가 된다.
⑤ 그러므로 어느 부서지지 않는 것은 보석이다.

 어느 돌멩이는 부서지지 않는다.(어느 M도 P이다.)
어떤 보석은 돌멩이다.(어떤 S는 M이다.)
그러므로 어떤 보석은 부서지지 않는다.(그러므로 어떤 S는 P이다.)

15

> 모든 아이들은 악동이다.
> 어느 아이들도 천재는 아니다.
> _____

① 그러므로 어느 천재도 악동은 아니다.
② 그러므로 모든 악동은 천재이다.
③ 그러므로 모든 천재는 악동이다.
④ 그러므로 어느 악동은 천재이다.
⑤ 그러므로 어느 아이들은 천재다.

 • 모든 아이들은 악동이다.(모든 M은 P이다.)
• 어느 아이들도 천재는 아니다.(어느 M도 S가 아니다.)
• 그러므로 어느 천재도 악동은 아니다.(그러므로 어느 S도 P가 아니다.)

Answer → 12.③ 13.⑤ 14.② 15.①

16

> 모든 동생은 학생이다.
> 모든 학생은 성인이다.
> 모든 직장인은 성인이다.
> 모든 성인은 사람이다.
> 그러므로 _____

① 모든 학생은 동생이다   ② 모든 성인은 학생이다.
③ 모든 직장인은 사람이다.   ④ 모든 사람은 동생이다.
⑤ 모든 사람은 학생이다.

 • 동생 → 학생 → 성인 → 사람
• 직장인 → 성인 → 사람

17

> 만일 흥부가 놀부보다 돈을 잘 번다면 나는 제비여야 한다. 그러나 나는 제비가 아니다.
> 그러므로 _____

① 흥부가 놀부보다 돈을 잘 번다.
② 흥부가 놀부보다 돈을 잘 벌지 못 해야 한다.
③ 제비는 놀부이다.
④ 흥부는 제비이다.
⑤ 흥부와 놀부는 제비가 아니다.

 '만약 A가 B이면 C는 D이다. C는 D가 아니다.
따라서 'A는 B가 아니다.'라는 가언 삼단논법의 형식에 따르면, '흥부가 놀부보다 돈을 잘
벌지 못해야 한다.'라는 결론이 나와야 한다.

18

> 모든 노래는 음악이다. 모든 휘파람은 노래이다.
>
> 그러므로 _____

① 모든 휘파람은 음악이다.　　② 모든 음악은 휘파람이다.
③ 모든 노래는 휘파람이다.　　④ 어느 휘파람은 음악이 아니다.
⑤ 어느 음악은 휘파람이다.

 주어진 전제로부터 '휘파람→노래→음악'의 관계를 이끌어낼 수 있다.

┃19~20┃ 다음 중 논리적 추론이 옳지 않은 것을 고르시오.

19　① 어떤 정치가는 철학자이다.
　　　　모든 국회의원은 정치가이다.
　　　　그러므로 어떤 국회의원은 철학자이다.
　　② 어느 치약도 화장품이 아니다.
　　　　어떤 샴푸는 치약이다.
　　　　그러므로 어떤 샴푸는 화장품이 아니다.
　　③ 어느 낫또도 일본산이 아니다.
　　　　모든 우메보시는 일본산이다.
　　　　그러므로 어느 우메보시도 낫또가 아니다.
　　④ 모든 핸드폰은 삼성이다.
　　　　어느 삼성도 노트북이 아니다.
　　　　그러므로 어느 노트북도 핸드폰이 아니다.
　　⑤ 어떤 핸드폰은 스마트폰이다.
　　　　모든 핸드폰은 삼성이다.
　　　　그러므로 어떤 삼성은 스마트폰이다.

 ① 논증은 매개 명사가 적어도 한 번 주연되어야 한다는 규칙을 위반하기 때문에 부당하다. '정치가'라는 매개 명사는 대전제나 소전제에서 주연되고 있지 않다.

Answer ┌→　16.③　17.②　18.①　19.①

20 ① 모든 커피는 음료다.

어느 커피도 술이 아니다.

그러므로 어느 술도 음료가 아니다.

② 어느 배우도 정치가가 아니다.

어떤 가수는 배우다.

그러므로 어떤 가수는 정치가가 아니다.

③ 모든 오징어는 해산물이다.

어느 과자도 해산물이 아니다.

그러므로 어느 과자도 오징어가 아니다.

④ 어느 비극 배우도 운명론자는 아니다.

어떤 희극 배우는 운명론자가 아니다.

그러므로 어떤 희극 배우는 비극 배우가 아니다.

⑤ 어느 동화도 희극이 아니다.

어떤 동화는 비극이다.

그러므로 어떤 비극은 희극이다.

Tip ④ 이 삼단 논법은 전제들 중 하나는 반드시 긍정 명제이어야 한다는 규칙을 위배하므로 부당하다.

21~22 다음 제시된 주장이 참일 때, 이 주장으로부터 이끌어 낼 수 있는 주장을 고르시오.

21

> 미모가 뛰어난 여성의 시험성적은 낮다.

① 시험성적이 낮은 여성은 미모가 뛰어나다.
② 시험성적이 높은 여성은 미모가 뛰어나다.
③ 시험성적이 낮지 않은 여성의 미모는 뛰어나지 않다.
④ 시험성적이 높은 여성 중에는 미모가 뛰어난 여성도 있다.
⑤ 미모가 뛰어나지 않으면 시험성적이 낮지 않다.

 ③ 명제가 참이라면 그 대우명제도 항상 참이다. 따라서 '미모가 뛰어난 여성의 시험성적은 낮다.'의 대우명제인 '시험성적이 낮지 않은 여성의 미모는 뛰어나지 않다.'가 참이 된다.

22

> 불닭볶음면은 항상 맵다.

① 불닭볶음면은 가끔 맵지 않다.
② 불닭볶음면 중에도 맵지 않은 것이 있다.
③ 매운 것은 반드시 불닭볶음면이다.
④ 맵지 않은 것은 불닭볶음면이 아니다.
⑤ 불닭볶음면이 항상 맵지는 않다.

 ④ 'p이면 q이다.'의 명제로 봤을 때, 'q가 아니면 p가 아니다.'의 형식의 대우명제가 참이 된다.

Answer → 20.④ 21.③ 22.④

23 A, B, C, D 네 명의 용의자가 살인사건 현장에서 신문을 받고 있다. 용의자들의 진술이 다음과 같고 네 사람 가운데 한명만 진실을 말하고 있다면 다음 중 살인자는 누구인가?

> • A : B가 살인을 저질렀습니다.
> • B : D가 살인을 저질렀어요.
> • C : 난 살인을 저지르지 않았어요.
> • D : B가 거짓말을 하고 있어요.

① A

② B

③ C

④ D

⑤ 추론할 수 없음

> • A가 살인자일 경우→C, D 두 명이 진실이므로 모순
> • B가 살인자일 경우→A, C, D 모두 진실이므로 모순
> • D가 살인자일 경우→B, C 두 명이 진실이므로 모순
> • C가 살인자일 경우→D만 진실이고 나머지는 다 거짓이 됨
> ∴ C가 살인자이다.

24 엘사, 안나, 올라프, 스벤 네 사람은 함께 파티에 참석하기로 했다. 모자, 옷, 신발을 빨간색, 파란색, 노란색, 검은색 색깔별로 총 12개의 물품을 공동으로 구입하여, 각 사람은 각각 다른 색의 모자, 옷, 신발을 하나씩 빠짐없이 착용하기로 했다. 예를 들어 어떤 사람이 빨간 모자, 파란 옷을 착용한다면, 신발은 노란색 또는 검은색으로 착용해야 한다. 이 조건에 따를 때, 반드시 참이 되는 것은?

> • 선호하는 것을 배정받고, 싫어하는 것은 배정받지 않는다.
> • 엘사는 빨간색 옷을 선호하고, 파란색 신발을 싫어한다.
> • 안나는 노란색 옷을 싫어하고, 검은색 신발을 선호한다.
> • 올라프는 검은색 옷을 싫어한다.
> • 스벤은 빨간색을 싫어한다.

① 엘사는 검은 모자를 배정받는다.

② 안나는 노란 모자를 배정받는다.

③ 올라프는 파란 신발을 배정받는다.

④ 스벤은 검은 옷을 배정받는다.

⑤ 빨간 신발을 배정받은 사람은 파란 모자를 배정받는다.

• 주어진 조건을 도식화 하면 다음과 같다.

	엘사	안나	올라프	스벤
모자			빨×	
옷	빨	노×	검×(노∨파)	빨×(파∨노∨검)
신발	파×	검		빨×

• 이때 안나의 옷 색깔은 엘사가 빨간색을 하고 있기 때문에 제외하고, 신발이 검은색이기 때문에 검은색도 안 된다. 따라서 안나의 옷은 파란색이 된다. 안나가 파란색 옷이므로 올라프는 노란색이, 스벤은 검은색이 된다. 이를 적용하면 다음과 같다.

	엘사	안나	올라프	스벤
모자			빨×	
옷	빨	파	노	검
신발	파×	검		빨×

• 엘사의 신발은 안나가 검은색이기 때문에 노란색이 된다. 이 경우 스벤은 파란색이 된다. 따라서 남은 올라프의 신발은 빨간색이 된다. 그리고 스벤의 모자는 옷과 신발, 빨간색을 싫어하는 조건을 고려하여 노란색임을 찾을 수 있다. 이를 적용하면 다음과 같다.

	엘사	안나	올라프	스벤
모자				노
옷	빨	파	노	검
신발	노	검	빨	파

• 안나는 옷과 신발, 노란색을 싫어하는 조건을 고려하여 빨간색임을 알 수 있고, 엘사와 올라프는 두 가지의 경우가 발생함을 알 수 있다. 이를 토대로 도식화된 표를 완성하면 다음과 같다.

	엘사	안나	올라프	스벤
모자	파∨검	빨	검∨파	노
옷	빨	파	노	검
신발	노	검	빨	파

Answer 23.③ 24.④

25 가은이는 ○○전자에 입사하게 되었다. 입사자는 총 82명이며 1등부터 82등까지 입사성적별로 등수가 부여되어 있다. 가은이는 입사등수가 궁금하여 인사담당자에게 전화를 하였다. 입사담당자는 등수는 알려줄 수 없고 3번의 질문기회를 주겠다고 했다. 가은이가 다음의 세 가지 질문을 던져 입사 등수를 알아냈다고 할 때, 가은이의 입사등수는? (단, 입사 등수가 같은 경우는 없다.)

> • 내 등수는 41등 아래인가?
> • 내 등수를 4로 나눌 수 있나?
> • 내 등수가 제곱근을 갖는 숫자인가?

① 27등   ② 36등
③ 49등   ④ 64등
⑤ 82등

 • 등수가 41등 위인 경우
　－4로 나눌 수 있는 수 : 44, 48, 52, 56, 60, 64, 68, 72, 78 → 제곱근을 갖는 수는 64
　－4로 나눌 수 없는 수 중 제곱근을 갖는 수는 49, 81
• 등수가 41등 아래인 경우
　－4로 나눌 수 있는 수 : 4, 8, 12, 16, 20, 24, 28, 32, 36, 40 → 제곱근을 갖는 수는 4, 16, 36
　－4로 나눌 수 없는 수 중 제곱근을 갖는 수는 9, 25,
• 등수를 알아냈다고 했으므로 단 하나의 공통 값만 갖는 64등이 정답이다.

26 甲사무관은 빈곤과 저출산 문제를 해결하기 위한 대안을 분석 중이다. 이에 대해 마련한 대안 중 예산의 규모가 가장 큰 대안은?

> • 전체 1,500가구는 자녀 수에 따라 네 가지 유형으로 구분할 수 있는데, 그 구성은 무자녀 가구 300가구, 한 자녀 가구 600가구, 두 자녀 가구 500가구, 세 자녀 이상 가구 100가구이다.
> • 전체 가구의 월 평균 소득은 200만 원이다.
> • 각 가구 유형의 30%는 맞벌이 가구이다.
> • 각 가구 유형의 20%는 빈곤 가구이다.

① 모든 빈곤 가구에게 전체 가구 월 평균 소득의 25%에 해당하는 금액을 가구당 매월 지급한다.

② 한 자녀 가구에는 10만 원, 두 자녀 가구에는 20만 원, 세 자녀 이상 가구에는 30만 원을 가구당 매월 지급한다.

③ 자녀가 있는 모든 맞벌이 가구에 자녀 1명당 30만 원을 매월 지급한다. 다만 세 자녀 이상의 맞벌이 가구에는 일률적으로 가구당 100만 원을 매월 지급한다.

④ 자녀가 2명 이상인 가구에 자녀 1명당 10만 원을 매월 지급하고 모든 빈곤 가구에도 가구당 10만 원을 매월 지급한다.

⑤ 자녀가 있는 가구 중 빈곤 가구에게 월 평균 소득의 30%에 해당하는 금액을 가구당 매월 지급한다.

② 600×10만 원+500×20만 원+100×30만 원=19,000만 원
① 1,500×0.2×200만 원×0.25=15,000만 원
③ 600×0.3×30만 원+500×0.3×60만 원+100×0.3×100만 원=17,400만 원
④ 500×20만 원+100×30만 원+1,500×0.2×10만 원=16,000만 원
⑤ 1,200×0.2×200만 원×0.3=14,400만 원

Answer ➔ 25.④ 26.②

27 크리스마스트리 장식을 위해 전구를 사왔다. 전구는 각각 1번부터 200까지의 번호가 적혀있으며, 1번부터 100까지의 번호가 적힌 스위치도 연결되어 있다. 각각의 스위치는 자신의 번호의 배수에 해당하는 번호의 전구와 연결되어 있다고 한다. 예를 들면, 1번 스위치는 모든 전구와 연결되어 있고, 60번 스위치는 60번 전구, 120번 전구, 180번 전구와 연결되어 있는 것이다. 스위치를 누르면 스위치와 연결된 전구들은 꺼져있는 상태일 경우 켜지고, 켜져 있는 상태일 경우 꺼지게 된다. 모든 전구는 처음에 꺼져 있는 상태이며 스위치와 연결이 불량하거나 고장 난 전구는 없다고 한다. 이때 모든 스위치를 한 번씩 누른 후에 켜져 있는 전구는 총 몇 개인가?

① 32개   ② 67개

③ 92개   ④ 106개

⑤ 148개

 1번부터 100번까지의 전구 중 켜져 있는 전구는 자신 번호의 약수의 개수가 홀수이므로 번호는 완전제곱수여야 한다. 따라서 1부터 100까지의 전구 중에는 10개의 전구가 켜지게 된다.

101번부터 200번까지의 전구 중 켜져 있는 전구는 자신의 번호를 제외한 약수의 개수가 홀수여야 하므로 완전제곱수를 제외한 모든 번호의 전구임을 확인할 수 있으므로, 121, 144, 169, 196번의 4개 전구를 제외한 96개의 전구가 켜져 있게 된다.

28 도서관 아르바이트를 하고 있는 A는 실수로 책 a, b, c, d, e의 보름 동안 대여 기록을 장부에서 지워버렸다고 한다. 하지만 아무리 생각해봐도 언제 책을 빌려주었는지 정확하게 기억이 나지 않아 생각나는 것들만 종이에 적어 봤다. 이를 통해 책 b가 대여된 날짜를 구하면?

- 분명히 이 책들은 1일에서 15일 사이에 딱 한 번씩만 대여가 되었어.
- 모두 빌려갔던 기간이 달랐고, 순서도 제각각 이었지.
- 책 e는 3번째로 빌려갔던 것 같아.
- 3일에는 a, 7일에는 d, 11일에는 c가 대여 중이었던 것 같아. 그날 찾는 손님들이 많아서 확실히 기억나.
- d가 c보다 대여일이 길었고, e가 b보다 길었던 것 같아.

① 4일   ② 5일
③ 9일   ④ 13일
⑤ 15일

- 조건들에 의해서 e는 d 이후에 대여되었다는 것을 알 수 있다. 따라서 a→d→e순으로 대여가 됐음을 알 수 있다.
- e가 b보다 대여기간이 길다는 조건 때문에 e의 대여기간은 최소 이틀이며, e와 c 사이에 다른 책을 빌릴 수 있는 기간은 나오지 않는다. 즉, a→d→e→c→b순서로 대여가 되었으며, 1~3일에는 a, 7일에는 d, 9일에는 e, 11일에는 c 그리고 15일에는 b가 반드시 대여 중이어야 함을 알 수 있다.
- e의 최대 대여일수는 3일이고(다른 책이 대여된 8일과 10일 사이에 e가 대여됐으므로), e가 b보다 길었다는 조건에 의해 b의 최대 대여일수는 2일이다. 때문에 c의 최소 대여일수는 3일이 되며, d는 c보다 대여일이 길기 때문에 d권의 대여일은 최소 4일 이상이 되어야 한다.
- 그런데 만약 d의 대여일이 4일이라면 조건을 만족하며 5일간 대여될 수 있는 책이 아무 것도 없기 때문에 d의 대여일은 5일이 된다. 즉, 지금까지의 조건들에 의해 1~3일은 a, 4~8일은 d, 9~10일은 e를 빌려준 것을 알 수 있다.
- 마지막으로 b의 대여일이 e보다 적다는 조건에 따라 b는 15일 하루 동안 대여되었으며, c는 11~14일 동안 대여된 것을 알 수 있다.
- a = 1~3일, b = 15일, c = 11~14일, d = 4~8일, e = 9~10일

Answer↪ 27.④ 28.⑤

29 다음 조건을 만족할 때, 민 대리가 설정해 둔 비밀번호는?

> • 민 대리가 설정한 비밀번호는 0~9까지의 숫자를 이용한 4자리수이며, 같은 수는 연달아 한 번 반복된다.
> • 4자리의 수를 모두 더한 수는 11이며, 모두 곱한 수는 20보다 크다.
> • 4자리의 수 중 가장 큰 수와 가장 작은 수는 5만큼의 차이가 난다.
> • 비밀번호는 첫 번째 자릿수인 1을 시작으로 오름차순으로 설정하였다.

① 1127　　　　　　　　　　　② 1226

③ 1235　　　　　　　　　　　④ 1334

⑤ 1136

 마지막 조건에 의하면 첫 번째 자리 숫자가 1이 되며 세 번째 조건에 의해 가장 큰 수는 6이 되는데, 마지막 조건에서 오름차순으로 설정하였다고 하였으므로 네 번째 자리 숫자가 6이 된다. 두 번째 조건에서 곱한 수가 20보다 크다고 하였으므로 0은 사용되지 않았다. 따라서 (1×□×□×6) 네 자리 수의 합이 11이 되기 위해서는 1과 6을 제외한 두 번째와 세 번째 자리 수의 합이 4가 되어야 하는데, 같은 수가 연달아 한 번 반복된다고 하였으므로 (1136) 또는 (1226) 중 모두 곱한 수가 20보다 큰 (1226)이 된다.

30 다음에 제시되는 전제 조건을 모두 만족시킬 때, 사무실 자리가 일렬로 배치되어 있는 6명의 직원들 중 B의 위치는 어디인가?

> ㈎ C와 D와의 거리는 두 번째로 멀다.
> ㈏ A와 C 사이에는 한 명이 있다.
> ㈐ 왼쪽에서 두 번째 직원은 E이다.
> ㈑ D의 바로 오른쪽 사람은 F이다.

① 맨 왼쪽
② 왼쪽에서 세 번째
③ 왼쪽에서 네 번째
④ 왼쪽에서 다섯 번째
⑤ 맨 오른쪽

 왼쪽 자리부터 1에서 6번까지 번호를 매길 경우,

1	2	3	4	5	6

㈎를 통해서 C와 D는 1, 5 또는 2, 6번의 자리에 있어야 함을 알 수 있는데, 이때 ㈐에 따라 2 = E가 되므로 C와 D의 자리는 1, 5가 된다. ㈑에서 D의 바로 오른쪽 사람은 F라고 하였는데, D = 1일 경우 바로 오른쪽 사람은 E가 되므로 C = 1, D = 5, F = 6임을 알 수 있다. 또한 ㈏에 의해서 A = 3의 위치임이 밝혀지므로 남은 B = 4가 된다. 따라서 직원들의 자리 배치는 C, E, A, B, D, F가 되고 B의 위치는 왼쪽에서 네 번째가 된다.

03 자료점검

출제방향

〈자료점검〉 검사는 자료상에 존재하는 오류를 찾거나, 자료 자체를 점검하는 능력이다. 이를 평가하기 위해 자료점검 검사는 두 자료 비교 후 상이점 찾기, 특정 단어 찾기 등의 유형으로 구성되어 있다.

예시문항

Q 다음 지필 정보와 부합하지 않는 항목을 보기에서 찾아 고르시오.

(지필 정보)

접수일자 : 2011년 3월 12일

운송장번호 : 다690-937-1316 받는사람 : 추성희

보내는사람 : 김득립 주소 : 충청북도 청주시 홍덕구 온천동 산일APT 1702호

주소 : 대전광역시 동구 효동 248-22 우편번호 : 361-799

우편번호 : 300-030 전화번호 : 043-267-0254

전화번호 : 042-233-4287 운임료 : 선불 3,700원

접수일자 : 2011년 6월 23일

운송장번호 : 바547-254-6584 받는사람 : 남연우

보내는사람 : 강은지 주소 : 서울특별시 성동구 홍익동 365-3번지

주소 : 서울특별시 용산구 한강로1가 120-4 우편번호 : 133-030

우편번호 : 100-180 전화번호 : 02-2248-7433

전화번호 : 02-741-5471 운임료 : 후불 2,000원

접수일자 : 2011년 11월 5일

운송장번호 : 자124-474-2214 받는사람 : 김지연

보내는사람 : 이은주 주소 : 경기도 수원시 권선구 평동로 72번길 11번지

주소 : 인천광역시 연수구 청학동 543-9 우편번호 : 441-230

우편번호 : 406-829 전화번호 : 031-228-1475

전화번호 : 032-833-1444 운임료 : 선불 4,200원

(인쇄 정보)

① 운송장번호 : 바547-254-6584, 운임료 : 후불 2,000원, 접수일자 : 2011년 6월 23일

② 보내는 사람 : 강은지, 우편번호 : 100-180, 주소 : 서울 용산구 한강로1가 120-4

③ 받는 사람 : 남연우, 우편번호 : 130-030, 주소 : 서울 성동구 홍익동 365-3

④ 보내는 사람 전화번호 : 02-741-5471, 받는사람 전화번호 : 02-2248-7433

⑤ 이상 없음

 ③ 지필 정보상 남연우의 우편번호는 133-030이다. 인쇄 정보상 우편번호는 130-030으로 서로 부합하지 않는다.

답 ③

┃1~2┃ 다음 지필 정보와 부합하지 않는 항목을 보기에서 찾아 고르시오.

1

(지필 정보)

제○○조
① 증인신문은 증인을 신청한 당사자가 먼저 하고, 다음에 다른 당사자가 한다.
② 재판장은 제1항의 신문이 끝난 뒤에 신문할 수 있다.
③ 재판장은 제1항과 제2항의 규정에 불구하고 언제든지 신문할 수 있다.
④ 재판장은 당사자의 의견을 들어 제1항과 제2항의 규정에 따른 신문의 순서를 바꿀 수 있다.
⑤ 당사자의 신문이 중복되거나 쟁점과 관계가 없는 때, 그 밖에 필요한 사정이 있는 때에 재판장은 당사자의 신문을 제한할 수 있다.
⑥ 합의부원은 재판장에게 알리고 신문할 수 있다.

제○○조
① 증인은 따로따로 신문하여야 한다.
② 신문하지 않은 증인이 법정 안에 있을 때에는 법정에서 나가도록 명하여야 한다. 다만 필요하다고 인정한 때에는 신문할 증인을 법정 안에 머무르게 할 수 있다.

제○○조 재판장은 필요하다고 인정한 때에는 증인 서로의 대질을 명할 수 있다.

제○○조 증인은 서류에 의하여 진술하지 못한다. 다만 재판장이 허가하면 그러하지 아니하다.

(인쇄 정보)

① 증인신문은 증인을 신청한 당사자가 먼저 하고, 다음에 다른 당사자가 한 뒤 재판장이 심문할 수 있다.
② 재판장은 규정에 구애 받지 않고 언제든지 신문 할 수 있으면 그 순서도 변경할 수 있다.
③ 당사자의 신문이 중복될 시에 재판장이 신문을 제한 할 수 있다.
④ 신문하지 않은 증인이 법정 안에 있을 때에는 법정에서 나가도록 명하여야 한다.
⑤ 당사자가 필요하다고 주장할 때에는 증인 서로의 대질을 명할 수 있다.

 재판장은 필요하다고 인정한 때에는 증인 서로의 대질을 명할 수 있다. 인쇄 정보상 당사자가 필요하다고 주장할 때에는 증인 서로의 대질을 명할 수 있다고 되어 있으므로 서로 부합하지 않는다.

2

(지필 정보)

회사 현황
 생산 품목 : 공장 자동화 생산 설비품
 종업원 현황 : 110 명(상시)
근무 형태
 근무 시간 : 09:00~18:00, 주 5일 근무
 주 2회 시간외 근무(희망자) : 19:00~23:00
급여 및 복지
 기본급 : 150만 원(수습 기간 3개월은 80%)
 시간외 근무 수당 : 8만 원(1회 당)
 상여금 : 명절(추석 및 설) 휴가비 기본급의 100%
 기타 : 4대 보험, 중식 및 기숙사 제공
모집인원
 특성화고, 마이스터고 관련 학과 재학생 및 졸업생 00명
 관련 직종 자격증 소유자 우대함

(인쇄 정보)
① 생산 품목 : 공장 자동화 생산 설비품, 종업원 현황 : 110 명(상시)
② 특성화고, 마이스터고 관련 학과 재학생 및 졸업생 00명, 관련 직종 자격증 소유
  자 우대함
③ 기본급 : 150만 원(수습 기간 3개월은 80%), 시간외 근무 수당 : 8만 원(1회 당)
④ 근무 시간 : 09:00~18:00, 주 5일 근무, 주 2회 시간외 근무(희망자) : 19:00~23:00
⑤ 상여금 : 명절(추석 및 설) 휴가비 기본급의 80%, 기타 : 4대 보험, 중식 및 기숙사
  제공

 명절(추석 및 설) 휴가비 등의 상여금은 기본급의 100%이다.

Answer↪ 1.⑤ 2.⑤

3 다음은 △△사업 진행을 위해 조사한 유치원 현황과 선정절차에 대한 자료이다. 다음 중 '교사'라는 단어는 총 몇 번 사용되었는가?

〈유치원 현황〉

유치원	원아수 (명)	교직원수			교사 평균 경력 (년)	시설현황				통학차량 대수 (대)
		교사		사무 직원		교실		놀이터 면적 (m^2)	유치원 면적 (m^2)	
		정교사	준교사			수 (개)	총 면적 (m^2)			
A	132	10	2	1	21	5	450	2,400	3,800	3
B	160	5	0	1	45	7	420	200	1,300	2
C	120	4	3	0	31	5	420	440	1,000	1
D	170	2	10	2	40	7	550	300	1,500	2
E	135	4	5	1	29	6	550	1,000	2,500	2

〈선정절차〉

• 1단계 : 아래 4개 조건을 모두 충족하는 유치원을 예비 선정한다.
 − 교실조건 : 교실 1개당 원아수가 25명 이하여야 한다.
 − 교사조건 : 교사 1인당 원아수가 15명 이하여야 한다.
 − 차량조건 : 통학 차량 1대당 원아수가 100명 이하여야 한다.
 − 여유면적조건 : 여유면적이 650 m2 이상이어야 한다.
• 2단계 : 예비 선정된 유치원 중 교사평균경력이 가장 긴 유치원을 최종 선정한다.

① 5 ② 6
③ 7 ④ 8
⑤ 9

Tip 유치원 현황

| 유치원 | 원아수 (명) | 교직원수 | | | 교사 평균 경력 (년) | 시설현황 | | | | 통학차량 대수 (대) |
| | | 교사 | | 사무 직원 | | 교실 | | 놀이터 면적 (m^2) | 유치원 면적 (m^2) | |
		정교사	준교사			수 (개)	총 면적 (m^2)			
A	132	10	2	1	21	5	450	2,400	3,800	3
B	160	5	0	1	45	7	420	200	1,300	2
C	120	4	3	0	31	5	420	440	1,000	1
D	170	2	10	2	40	7	550	300	1,500	2
E	135	4	5	1	29	6	550	1,000	2,500	2

〈선정절차〉
· 1단계 : 아래 4개 조건을 모두 충족하는 유치원을 예비 선정한다.
−교실조건 : 교실 1개당 원아수가 25명 이하여야 한다.
−교사조건 : 교사 1인당 원아수가 15명 이하여야 한다.
−차량조건 : 통학 차량 1대당 원아수가 100명 이하여야 한다.
−여유면적조건 : 여유면적이 650m^2 이상이어야 한다.
· 2단계 : 예비 선정된 유치원 중 교사평균경력이 가장 긴 유치원을 최종 선정한다.

Answer 3.③

4 다음은 S사의 온라인 주문내역이다. 물류팀 직원 K는 주문내역을 바탕으로 운송장을 작성하였는데, 다음 중 주문내역과 운송장의 내용이 다른 곳은?

<온라인 주문내역>

주문번호 : 1901240003

상품명		Camill Hand & Nail Cream 2종 세트, 1개
주문자	이름	김나라
	전화번호	031-123-4567
	핸드폰	010-9876-5432
	주소	(10256) 경기도 고양시 일산서구 덕산로 88-45
	E-mail	narakim@mail.com
수령인	이름	김국가
	전화번호	033-124-5678
	핸드폰	010-5432-9876
	주소	(21549) 강원도 춘천시 백천로 123번길 4, 5층
배송정보	배송회사	OJ우리택배
	운송장번호	7946130279854
	배송일시	2019. 01. 24. 15:47
	고객센터	1111-2222
결제정보	결제방식	무통장
	입금액	12,000원(배송비 포함)
	입금확인일시	2019. 01. 24. 11:16
	계좌번호	국민 12345-66-78910 ㈜S사
	입금자명	김나라

〈운송장No. : 1901240003〉

받는분	성명	김국가 님	전화	(033) 124-5678	도착지점 강원도 춘천	
	주소	강원도 춘천시 백천로 123번길 4, 5층				
	휴대폰	(010) 5435-9876				
	전달사항					
보내는분	성명	S사 님	전화		배송료	발송지점
	상품명		주의사항		선불 (✔)	
	Camill Hand & Nail Cream 2종		□ 고가 □ 부패 □ 파손		착불 ( )	
			수량	1개	배송문의	1111-2222

① 운송장No. ② 받는 분 주소
③ 상품명 ④ 배송료
⑤ 배송문의

 ① 운송장번호는 7946130279854이다. 1901240003는 온라인 주문번호이다.

Answer ↦ 4.①

5 다음은 A 주식회사의 감사위원회에 관한 규정이다. 다음에서 잘못 쓰여진 글자는 모두 몇 개인가?

> 감사우원회는 3인 이상의 이사로 구성한다. 다만, 다음 각 호에 해당하는 자가 위원의 3분의 1을 넘을 수 없다.
> 1. 회사의 엄무를 담당하는 이사 및 피용자(고용된 사람) 또는 선임된 날부터 2년 이내에 업무를 담당한 이사 및 피용자이었던 자
> 2. 최대 주주가 지연인인 경우 본인, 배우자 및 직계존·비속
> 3. 최대 주주가 법인인 경우 그 법인의 이사, 감사 및 피용자
> 4. 이사의 배우자 및 직계존·비속
> 5. 회사의 모회사 또는 자회사의 이사, 감사 및 피용자
> 6. 회사와 거래관개 등 중요한 이해관계에 있는 법인의 이사, 감사 및 피용자
> 7. 회사의 이사 및 피용자가 이사로 있는 다른 회사의 이사, 감사 및 피용자

① 4개
② 5개
③ 6개
④ 7개
⑤ 8개

 감사우원회 → 감사위원회
엄무를 담당 → 업무를 담당
최대 주주가 지연인인 경우 → 최대 주주가 자연인인 경우
회사와 거래관개 → 회사와 거래관계

6 다음은 WTO 무역관련 지적재산권협정의 일부분이다. 잘못 쓰여진 글자는 모두 몇 개인가?

> 제○○조(특허권의 예외) 회원국은 특허권에 의하여 인정된 배타적 권리를 제한하는 예외규정을 둘 수 있다. 그러나 이와 같은 예외는 제3자의 정당한 이익을 구려하여 특허권의 정상적인 활용을 부당하게 저촉하거나 특허권자의 정당한 이익을 불합리하게 저애해서는 안 된다.
>
> 제○○조(권리자의 승인 없는 다른 사용) 회원국의 법률이 정부 또는 정부의 승인을 받은 제3자에 의한 사용을 포함하여 권리자의 승인 없이 특허대상의 다른 사용을 허용하는 경우, 다음 각 호를 준수해야 한다.
>
> 1. 이러한 사용의 승인은 개별적인 사안의 내용을 고려한다.
>
> 2. 이러한 사용은 이와 같은 사용에 앞서 사용애정자가 합리적인 상업적 계약조건 하에 특허권자로부터 승인을 얻기 위해 상당한 기간 동안 노력을 하였으나 실패로 끝난 경우에만 허용된다. 그러나 국가 비싱사태, 극도의 긴급상황 또는 공공의 비상업적 사용의 경우에는 그러하지 아니한다.

① 1개   ② 2개

③ 3개   ④ 4개

⑤ 5개

 이익을 구려하여 → 이익을 고려하여
불합리하게 저애해서 → 불합리하게 저해해서
사용애정자 → 사용예정자
국가 비싱사태 → 국가 비상사태

7 다음 글에서 '익'은 몇 번 들어가는가?

> 첫 번째 특징은 준거점 의존성이다. 사람들은 기대손익을 준거점으로 삼는다. 기대손익이 다르면 실제 손익이 같다 하더라도 그에 따른 만족감이나 상실감이 달라진다. 철수의 기대수익이 200만 원이었을 때 실제 수익이 300만 원이라면 그는 100만큼의 만족감을 느낀다. 하지만 그의 실제 수익이 300만 원으로 같아도 기대수익이 1,000만 원이었다면 그는 700만큼의 상실감을 느낀다. 두 번째 특징은 민감성 반응이다. 재산의 상황에 따라 민감성 반응도 달라진다. 재산이 양수이면 자산을 갖고 재산이 음수이면 부채를 갖는다. 사람들은 자산이 많을수록 동일한 수익에 대해 둔감하게 반응한다. 마찬가지로 부채가 많을수록 동일한 손실에 대해 둔감하게 반응한다. 예를 들어 100만 원의 손실을 입을 경우, 부채가 200만 원일 때 발생하는 상실감보다 부채가 1,000만 원일 때 발생하는 상실감이 더 작다. 세 번째 특징은 손실 회피성이다. 이는 심리적으로 수익보다 손실에 더 큰 가중치를 두는 것을 말한다. 기대 손익과 재산이 고정되어 있는 경우, 한 사람이 100만 원의 수익을 얻었을 때 느끼는 만족감보다 100만 원의 손실을 입었을 때 느끼는 상실감이 더 크다. 연구에 따르면, 이 경우 상실감은 만족감의 2배로 나타났다.

① 10   ② 11

③ 12   ④ 13

⑤ 14

> 첫 번째 특징은 준거점 의존성이다. 사람들은 기대손익을 준거점으로 삼는다. 기대손익이 다르면 실제 손익이 같다 하더라도 그에 따른 만족감이나 상실감이 달라진다. 철수의 기대수익이 200만 원이었을 때 실제 수익이 300만 원이라면 그는 100만큼의 만족감을 느낀다. 하지만 그의 실제 수익이 300만 원으로 같아도 기대수익이 1,000만 원이었다면 그는 700만큼의 상실감을 느낀다. 두 번째 특징은 민감성 반응이다. 재산의 상황에 따라 민감성 반응도 달라진다. 재산이 양수이면 자산을 갖고 재산이 음수이면 부채를 갖는다. 사람들은 자산이 많을수록 동일한 수익에 대해 둔감하게 반응한다. 마찬가지로 부채가 많을수록 동일한 손실에 대해 둔감하게 반응한다. 예를 들어 100만 원의 손실을 입을 경우, 부채가 200만 원일 때 발생하는 상실감보다 부채가 1,000만 원일 때 발생하는 상실감이 더 작다. 세 번째 특징은 손실 회피성이다. 이는 심리적으로 수익보다 손실에 더 큰 가중치를 두는 것을 말한다. 기대 손익과 재산이 고정되어 있는 경우, 한 사람이 100만 원의 수익을 얻었을 때 느끼는 만족감보다 100만 원의 손실을 입었을 때 느끼는 상실감이 더 크다. 연구에 따르면, 이 경우 상실감은 만족감의 2배로 나타났다.

8 다음 글에서 '화'라는 말은 몇 번 들어가는가?

> 인지부조화는 한 개인이 가지는 둘 이상의 사고, 태도, 신념, 의견 등이 서로 일치하지 않거나 상반될 때 생겨나는 심리적인 긴장상태를 의미한다. 인지부조화는 불편함을 유발하기 때문에 사람들은 이것을 감소시키려고 한다. 인지부조화를 감소시키는 방법은 서로 모순관계에 있어서 양립할 수 없는 인지들 가운데 하나 이상의 인지가 갖는 내용을 바꾸어 양립할 수 있게 만들거나, 서로 모순되는 인지들 간의 차이를 좁힐 수 있는 새로운 인지를 추가하여 부조화된 인지상태를 조화된 상태로 전환하는 것이다.
>
> 그런데 실제로 부조화를 감소시키는 행동은 비합리적인 면이 있다. 그 이유는 그러한 행동들이 사람들로 하여금 중요한 사실을 배우지 못하게 하고 자신들의 문제에 대해서 실제적인 해결책을 찾지 못하도록 할 수 있기 때문이다. 부조화를 감소시키려는 행동은 자기방어적인 행동이고, 부조화를 감소시킴으로써 우리는 자신의 긍정적인 이미지, 즉 자신이 선하고 현명하며 상당히 가치 있는 인물이라는 긍정적인 측면의 이미지를 유지하게 된다. 비록 자기방어적인 행동이 유용한 것으로 생각될 수 있지만, 이러한 행동은 부정적 결과를 초래할 수 있다.

① 5
② 6
③ 7
④ 8
⑤ 9

> 인지부조<u>화</u>는 한 개인이 가지는 둘 이상의 사고, 태도, 신념, 의견 등이 서로 일치하지 않거나 상반될 때 생겨나는 심리적인 긴장상태를 의미한다. 인지부조<u>화</u>는 불편함을 유발하기 때문에 사람들은 이것을 감소시키려고 한다. 인지부조<u>화</u>를 감소시키는 방법은 서로 모순관계에 있어서 양립할 수 없는 인지들 가운데 하나 이상의 인지가 갖는 내용을 바꾸어 양립할 수 있게 만들거나, 서로 모순되는 인지들 간의 차이를 좁힐 수 있는 새로운 인지를 추가하여 부조<u>화</u>된 인지상태를 조<u>화</u>된 상태로 전환하는 것이다.
>
> 그런데 실제로 부조<u>화</u>를 감소시키는 행동은 비합리적인 면이 있다. 그 이유는 그러한 행동들이 사람들로 하여금 중요한 사실을 배우지 못하게 하고 자신들의 문제에 대해서 실제적인 해결책을 찾지 못하도록 할 수 있기 때문이다. 부조<u>화</u>를 감소시키려는 행동은 자기방어적인 행동이고, 부조<u>화</u>를 감소시킴으로써 우리는 자신의 긍정적인 이미지, 즉 자신이 선하고 현명하며 상당히 가치 있는 인물이라는 긍정적인 측면의 이미지를 유지하게 된다. 비록 자기방어적인 행동이 유용한 것으로 생각될 수 있지만, 이러한 행동은 부정적 결과를 초래할 수 있다.

다음 글에서 '왼손'이라는 단어는 몇 번 나오는가?

> 오늘날 인류가 왼손보다 오른손을 선호하는 경향은 어디서 비롯되었을까? 무기를 들고 싸우는 결투에서 오른손잡이는 왼손잡이 상대를 만나 곤혹을 치르곤 한다. 왼손잡이 적수가 무기를 든 왼손은 뒤로 감춘 채 오른손을 내밀어 화해의 몸짓을 보이다가 방심한 틈에 공격을 할 수도 있다. 그러나 이런 상황이 왼손에 대한 폭넓고 뿌리 깊은 반감을 다 설명해 준다고는 생각되지 않는다. 예컨대 그런 종류의 겨루기와 거의 무관했던 여성들의 오른손 선호는 어떻게 설명할 것인가?
>
> 오른손을 귀하게 여기고 왼손을 천대하는 현상은 어쩌면 산업화 이전 사회에서 배변 후 사용할 휴지가 없었다는 사실과 관련이 있을 법하다. 인류 역사에서 대부분의 기간 동안 배변 후 뒤처리를 담당한 것은 맨손이었다. 맨손으로 배변 뒤처리를 하는 것은 불쾌할 뿐더러 병균을 옮길 위험을 수반하는 일이었다. 이런 위험의 가능성을 낮추는 간단한 방법은 음식을 먹거나 인사할 때 다른 손을 사용하는 것이었다. 기술 발달 이전의 사회에서는 대개 왼손을 배변 뒤처리에, 오른손을 먹고 인사하는 일에 사용했다. 이런 전통에서 벗어난 행동을 보면 사람들은 기겁하지 않을 수 없었다. 오른손과 왼손의 역할 분담에 관한 관습을 따르지 않는 어린아이는 벌을 받았을 것이다.

① 5
② 6
③ 7
④ 8
⑤ 9

> 오늘날 인류가 <u>왼손</u>보다 오른손을 선호하는 경향은 어디서 비롯되었을까? 무기를 들고 싸우는 결투에서 오른손잡이는 <u>왼손</u>잡이 상대를 만나 곤혹을 치르곤 한다. <u>왼손</u>잡이 적수가 무기를 든 <u>왼손</u>은 뒤로 감춘 채 오른손을 내밀어 화해의 몸짓을 보이다가 방심한 틈에 공격을 할 수도 있다. 그러나 이런 상황이 <u>왼손</u>에 대한 폭넓고 뿌리 깊은 반감을 다 설명해 준다고는 생각되지 않는다. 예컨대 그런 종류의 겨루기와 거의 무관했던 여성들의 오른손 선호는 어떻게 설명할 것인가?
>
> 오른손을 귀하게 여기고 <u>왼손</u>을 천대하는 현상은 어쩌면 산업화 이전 사회에서 배변 후 사용할 휴지가 없었다는 사실과 관련이 있을 법하다. 인류 역사에서 대부분의 기간 동안 배변 후 뒤처리를 담당한 것은 맨손이었다. 맨손으로 배변 뒤처리를 하는 것은 불쾌할 뿐더러 병균을 옮길 위험을 수반하는 일이었다. 이런 위험의 가능성을 낮추는 간단한 방법은 음식을 먹거나 인사할 때 다른 손을 사용하는 것이었다. 기술 발달 이전의 사회에서는 대개 <u>왼손</u>을 배변 뒤처리에, 오른손을 먹고 인사하는 일에 사용했다. 이런 전통에서 벗어난 행동을 보면 사람들은 기겁하지 않을 수 없었다. 오른손과 <u>왼손</u>의 역할 분담에 관한 관습을 따르지 않는 어린아이는 벌을 받았을 것이다.

10 다음 주어진 두 지문에서 서로 다른 곳이 몇 군데인지 고르면?

> 　과학 연구는 많은 자원을 소비하지만 과학 연구에 사용할 수 있는 자원은 제한되어 있다. 따라서 우리는 제한된 자원을 서로 경쟁적인 관계에 있는 연구 프로그램들에 어떻게 배분하는 것이 옳은가라는 물음에 직면한다. 이 물음에 관해 생각해 보기 위해 상충하는 두 연구 프로그램 A와 B가 있다고 해보자. 현재로서는 A가 B보다 유망해 보이지만 어떤 것이 최종적으로 성공하게 될지 아직 아무도 모른다. 양자의 관계를 고려하면, A가 성공하고 B가 실패하거나, A가 실패하고 B가 성공하거나, 아니면 둘 다 실패하거나 셋 중 하나이다. 합리적 관점에서 보면 A와 B가 모두 작동할 수 있을 정도로, 그리고 그것들이 매달리고 있는 문제가 해결될 확률을 극대화하는 방향으로 자원을 배분해야 한다. 그렇게 하려면 자원을 어떻게 배분해야 할까?

> 　과학 연구는 많은 자원을 소비하지만 과학 연구에 사용할 수 있는 자원은 제한되어 있다. 따라서 우리는 제안된 자원을 서로 경쟁적인 관계에 있는 연구 프로그램들에 어떻게 배분하는 것이 옳은가라는 물음에 직면한다. 이 물음에 대해 생각해 보기 위해 상충하는 두 연구 프로그램 A와 B가 있다고 해보자. 현재로서는 A가 B보다 유명해 보이지만 어떤 것이 최종적으로 성공하게 될지 아직 아무도 모른다. 양자의 관계를 고려하면, A가 성공하고 B가 실패하거나, A가 실패하고 B가 성공하거나, 아니면 둘 다 실패하거나 셋 중 하나이다. 합리적 관점에서 보면 A와 B가 모두 작동할 수 있을 정도로, 그리고 그것들이 매달리고 있는 문제가 해결될 확률을 극대화하는 방향으로 자원을 분배해야 한다. 그렇게 하려면 자원을 어떻게 배분해야 할까?

① 2군데　　　　　　　　② 3군데

③ 4군데　　　　　　　　④ 5군데

⑤ 6군데

> 　과학 연구는 많은 자원을 소비하지만 과학 연구에 사용할 수 있는 자원은 제한되어 있다. 따라서 우리는 <u>제한된</u> 자원을 서로 경쟁적인 관계에 있는 연구 프로그램들에 어떻게 배분하는 것이 옳은가라는 물음에 직면한다. 이 물음에 <u>관해</u> 생각해 보기 위해 상충하는 두 연구 프로그램 A와 B가 있다고 해보자. 현재로서는 A가 B보다 <u>유망해</u> 보이지만 어떤 것이 최종적으로 성공하게 될지 아직 아무도 모른다. 양자의 관계를 고려하면, A가 성공하고 B가 실패하거나, A가 실패하고 B가 성공하거나, 아니면 둘 다 실패하거나 셋 중 하나이다. 합리적 관점에서 보면 A와 B가 모두 작동할 수 있을 정도로, 그리고 그것들이 매달리고 있는 문제가 해결될 확률을 극대화하는 방향으로 자원을 <u>배분해야</u> 한다. 그렇게 하려면 자원을 어떻게 배분해야 할까?

Answer　9.④　10.③

┃11~14┃ 다음 제시된 문자가 반복되는 개수를 고르시오.

ℓ ℘ ℛ ℧ Ζ ‰ 𝑔 Ρ ℒ
‰ ℨ ℅ 𝕍 Ǝ ♄ Κ ℧ ℛ
ℳ ℩ ℵ ℗ ℔ ℝ Ν Ǝ ℔
ℓ ™ ₵ Ɛ ℝ Å Ω 𝕍 ℹ
‰ Ǝ ℨ ℔ ℉ 𝕍 Q ℛ 𝕍
Å ℛ 𝕍 № C Ζ ⊐ Ɛ ℗
C ℐ Ω Ζ ‰ ™ ℩ ℧ ℵ
ℨ Ν ℋ Ρ Ω ℓ ♄ ℩ ℨ
Ν ℧ ℒ Ν ℨ ™ ℬ ℝ ℋ

11

℧

① 1개 ② 2개
③ 3개 ④ 4개
⑤ 5개

ℓ ℘ ℛ <u>℧</u> Ζ ‰ 𝑔 Ρ ℒ
‰ ℨ ℅ 𝕍 Ǝ ♄ Κ <u>℧</u> ℛ
ℳ ℩ ℵ ℗ ℔ ℝ Ν Ǝ ℔
ℓ ™ ₵ Ɛ ℝ Å Ω 𝕍 ℹ
‰ Ǝ ℨ ℔ ℉ 𝕍 Q ℛ 𝕍
Å ℛ 𝕍 № C Ζ ⊐ Ɛ ℗
C ℐ Ω Ζ ‰ ™ ℩ <u>℧</u> ℵ
ℨ Ν ℋ Ρ Ω ℓ ♄ ℩ ℨ
Ν <u>℧</u> ℒ Ν ℨ ™ ℬ ℝ ℋ

12

	ろ

① 1개 ② 2개
③ 3개 ④ 4개
⑤ 5개

ℓ ℘ ℜ ℧ Z ‰ g P ℒ
‰ ろ % 𝕍 Э ℏ K ℛ
ℳ ⅃ ℵ ℗ ℔ ℝ N Э ℔
ℓ ™ ₵ Ɛ R Å Ω 𝕍 i
‰ Э ℨ ℔ ℉ 𝕍 Q ℛ 𝕍
Å ℛ 𝕍 № C Z ⅃ ℨ ℗
₵ ℱ Ω Z ‰ ™ ı ℧ ℵ
ろ N Ⅎ P Ω ℓ ℏ ı ろ
N ℧ ℒ N ℨ ™ ℬ R ℋ

13

	Э

① 1개 ② 2개
③ 3개 ④ 4개
⑤ 5개

ℓ ℘ ℜ ℧ Z ‰ g P ℒ
‰ ろ % 𝕍 Э ℏ K ℛ
ℳ ⅃ ℵ ℗ ℔ ℝ N Э ℔
ℓ ™ ₵ Ɛ R Å Ω 𝕍 i
‰ Э ℨ ℔ ℉ 𝕍 Q ℛ 𝕍
Å ℛ 𝕍 № C Z ⅃ ℨ ℗
₵ ℱ Ω Z ‰ ™ ı ℧ ℵ
ろ N Ⅎ P Ω ℓ ℏ ı ろ
N ℧ ℒ N ℨ ™ ℬ R ℋ

Answer↦ 11.④ 12.② 13.③

14

V̌

① 1개   ② 2개

③ 3개   ④ 4개

⑤ 5개

ℓ ℘ ℜ℧ Ƶ ‰ ℊ ℙ ℒ
‰ ℨ % V̌ Ǝ ℏ Κ ℧ ℛ
ℳ ℵ ℗ ℔ ℝ Ν Ǝ ℔
ℓ ™ ₵ Ʒ ℛ Ǻ Ω V̌ i
% Ǝ ℨ ℔ ℉ V̌ Ω ℛ V̌
Ǻ ℛ V̌ № ℂ Ƶ ⊐ Ʒ ℗
ℂ ℐ Ω Ƶ ‰ ™ ι ℧ ℵ
ℨ Ν ℍ ℙ Ω ι ℏ ℨ
Ν ℧ ℒ Ν ℨ ™ ℬ ℝ ℋ

▌15~18 ▌ 다음 제시된 문자가 반복되는 개수를 고르시오.

B	A	J	X	E	S	H	Q	W	S	L
N	M	L	S	E	V	J	E	S	L	H
U	T	S	B	A	C	T	L	W	G	S
A	X	M	R	T	Y	H	E	H	K	P
P	U	W	D	E	W	J	F	D	G	I
Y	R	Y	T	G	Q	E	C	V	H	J
P	K	U	W	J	S	B	V	E	S	C

15

W

① 2개　　　　　　　　　　② 3개
③ 4개　　　　　　　　　　④ 5개
⑤ 6개

```
B  A  J  X  E  S  H  Q  W  S  L
N  M  L  S  E  V  J  E  S  L  H
U  T  S  B  A  C  T  L  W  G  S
A  X  M  R  T  Y  H  E  H  K  P
P  U  W  D  E  W  J  F  D  G  I
Y  R  Y  T  G  Q  E  C  V  H  J
P  K  U  W  J  S  B  V  E  S  C
```

16

H

① 2개　　　　　　　　　　② 3개
③ 4개　　　　　　　　　　④ 5개
⑤ 6개

```
B  A  J  X  E  S  H  Q  W  S  L
N  M  L  S  E  V  J  E  S  L  H
U  T  S  B  A  C  T  L  W  G  S
A  X  M  R  T  Y  H  E  H  K  P
P  U  W  D  E  W  J  F  D  G  I
Y  R  Y  T  G  Q  E  C  V  H  J
P  K  U  W  J  S  B  V  E  S  C
```

Answer ⟶ 14.⑤　15.④　16.④

17

Q

① 2개　　　　　　　② 3개
③ 4개　　　　　　　④ 5개
⑤ 6개

```
B  A  J  X  E  S  H  Q  W  S  L
N  M  L  S  E  V  J  E  S  L  H
U  T  S  B  A  C  T  L  W  G  S
A  X  M  R  T  Y  H  E  H  K  P
P  U  W  D  E  W  J  F  D  G  I
Y  R  Y  T  G  Q  E  C  V  H  J
P  K  U  W  J  S  B  V  E  S  C
```

18

Y

① 2개　　　　　　　② 3개
③ 4개　　　　　　　④ 5개
⑤ 6개

```
B  A  J  X  E  S  H  Q  W  S  L
N  M  L  S  E  V  J  E  S  L  H
U  T  S  B  A  C  T  L  W  G  S
A  X  M  R  T  Y  H  E  H  K  P
P  U  W  D  E  W  J  F  D  G  I
Y  R  Y  T  G  Q  E  C  V  H  J
P  K  U  W  J  S  B  V  E  S  C
```

▌19~22▐ 다음 제시된 문자가 반복되는 개수를 고르시오.

과자	고기	과거	과소	과대	과학	계획	과장
괴기	고지	고장	사용	과장	계획	과자	고소
고잔	제도	경과	초시	현재	과격	사용	과소
과자	고장	고잔	고소	소송	과학	과자	괴기
거울	경제	교육	언어	초시	경칩	고지	괴기
고장	소송	고소	거울	과장	과소	제도	고지
고소	소송	경제	과소	경칩	고소	괴기	고장
사용	교육	계획	과학	과소	초시	경제	고잔

19

고소

① 2개

② 3개

③ 4개

④ 5개

⑤ 6개

(Tip)
과자	고기	과거	과소	과대	과학	계획	과장
괴기	고지	고장	사용	과장	계획	과자	<u>고소</u>
고잔	제도	경과	초시	현재	과격	사용	과소
과자	고장	고잔	<u>고소</u>	소송	과학	과자	괴기
거울	경제	교육	언어	초시	경칩	고지	괴기
고장	소송	<u>고소</u>	거울	과장	과소	제도	고지
<u>고소</u>	소송	경제	과소	경칩	<u>고소</u>	괴기	고장
사용	교육	계획	과학	과소	초시	경제	고잔

Answer ↪ 17.① 18.② 19.④

20

교육

① 2개　　　　　　　　　　　② 3개

③ 4개　　　　　　　　　　　④ 5개

⑤ 6개

과자	고기	과거	과소	과대	과학	계획	과장
괴기	고지	고장	사용	과장	계획	과자	고소
고잔	제도	경과	초시	현재	과격	사용	과소
과자	고장	고잔	고소	소송	과학	과자	괴기
거울	경제	<u>교육</u>	언어	초시	경칩	고지	괴기
고장	소송	<u>고소</u>	거울	과장	과소	제도	고지
고소	소송	경제	과소	경칩	고소	괴기	고장
사용	<u>교육</u>	계획	과학	과소	초시	경제	고잔

21

고장

① 2개　　　　　　　　　　　② 3개

③ 4개　　　　　　　　　　　④ 5개

⑤ 6개

과자	고기	과거	과소	과대	과학	계획	과장
괴기	고지	<u>고장</u>	사용	과장	계획	과자	고소
고잔	제도	경과	초시	현재	과격	사용	과소
과자	<u>고장</u>	고잔	고소	소송	과학	과자	괴기
거울	경제	교육	언어	초시	경칩	고지	괴기
<u>고장</u>	소송	고소	거울	과장	과소	제도	고지
고소	소송	경제	과소	경칩	고소	괴기	<u>고장</u>
사용	교육	계획	과학	과소	초시	경제	고잔

22

| 경칩 |

① 2개 ② 3개
③ 4개 ④ 5개
⑤ 6개

과자	고기	과거	과소	과대	과학	계획	과장
괴기	고지	고장	사용	과장	계획	과자	고소
고잔	제도	경과	초시	현재	과격	사용	과소
과자	고장	고잔	고소	소송	과학	과자	괴기
거울	경제	교육	언어	초시	<u>경칩</u>	고지	괴기
고장	소송	고소	거울	과장	과소	제도	고지
고소	소송	경제	과소	<u>경칩</u>	고소	괴기	고장
사용	교육	계획	과학	과소	초시	경제	고잔

┃23~26┃ 다음 제시된 기호가 반복되는 개수를 고르시오.

℃	Å	¢	£	¥	♁	♀	£	§	※	☆
→	¥	↑	☆	≪	↔	∽	∬	Σ	∞	♀
♁	☆	←	∽	↙	Σ	Å	¢	♁	℃	↓
∽	↑	∂	℉	¤	∀	¥	↔	Π	Σ	∬
¢	↘	↕	♪	∬	£	♁	∞	¤	℉	Å
℃	∫	∝	∞	Π	∝	∽	♀	♪	↘	↑
↙	♨	¤	∽	∫	℉	£	℃	♨	∫	Π

23

| £ |

① 2개 ② 3개
③ 4개 ④ 5개
⑤ 6개

℃	Å	¢	<u>£</u>	¥	♁	♀	<u>£</u>	§	※	☆
→	¥	↑	☆	≪	↔	∽	∬	Σ	∞	♀
♁	☆	←	∽	↙	Σ	Å	¢	♁	℃	↓
∽	↑	∂	℉	¤	∀	¥	↔	Π	Σ	∬
¢	↘	↕	♪	∬	<u>£</u>	♁	∞	¤	℉	Å
℃	∫	∝	∞	Π	∝	∽	♀	♪	↘	↑
↙	♨	¤	∽	∫	℉	<u>£</u>	℃	♨	∫	Π

Answer↱ 20.① 21.③ 22.① 23.③

24

$$\iint$$

① 2개　　　　　　　　　② 3개

③ 4개　　　　　　　　　④ 5개

⑤ 6개

℃	Å	¢	£	¥	↥	♀	£	§	※	☆
→	¥	↑	☆	≪	‥	∽	∬	Σ	∞	♀
↥	☆	←	∽	↗	Σ	Å	¢	↥	℃	↓
∽	↑	∂	℉	¤	∀	¥	↔	π	Σ	∬
¢	↘	↕	♪	∬	£	↥	∞	¤	℉	Å
℃	∫	∝	∞	π	∝	∽	♀	♪	↘	↕
↗	♨	¤	∽	∫	℉	£	℃	♨	∫	π

25

$$↥$$

① 2개　　　　　　　　　② 3개

③ 4개　　　　　　　　　④ 5개

⑤ 6개

℃	Å	¢	£	¥	↥	♀	£	§	※	☆
→	¥	↑	☆	≪	↔	∽	∬	Σ	∞	♀
↥	☆	←	∽	↗	Σ	Å	¢	↥	℃	↓
∽	↑	∂	℉	¤	∀	¥	↔	π	Σ	∬
¢	↘	↕	♪	∬	£	↥	∞	¤	℉	Å
℃	∫	∝	∞	π	∝	∽	♀	♪	↘	↕
↗	♨	¤	∽	∫	℉	£	℃	♨	∫	π

26

¥

① 2개   ② 3개

③ 4개   ④ 5개

⑤ 6개

℃ Å ₵ £ ¥ ↥ ♀ £ § ※ ☆
→ ¥ ↑ ☆ ≪ ↔ ∽ ∬ Σ ∞ ♀
↥ ☆ ← ∽ ↗ Σ Å ₵ ↥ ℃ ↓
∽ ↑ ∂ °F ☼ ∀ ¥ ↔ π Σ ∬
₵ ↘ ↕ ⚡ ∬ £ ↥ ∞ ☼ °F Å
℃ ∫ ∝ ∞ π ∝ ∽ ♀ ⚡ ↗ ↕
↗ ♨ ☼ ∽ ∫ °F £ ℃ ♨ ∫ π

┃27~30┃ 다음에서 제시되지 않은 기호를 고르시오.

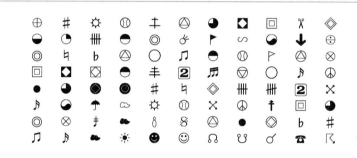

27

① ☺   ② ♯

③ ☎   ④ 卐

⑤ ♫

Answer → 24.②   25.③   26.②   27.④

28 ①  〰 ② ♠

③ ⊗ ④ ◎

⑤ ◯

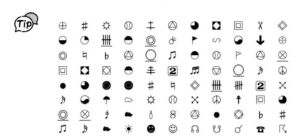

29 ① ☼ ② ▶

③ ☁ ④ ☑

⑤ ⊗

30 ① ♫   ② ↖

   ③ ☾   ④ ◒

   ⑤ ⚑

 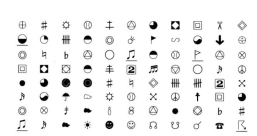

04 자료해석

출제방향 -

〈자료해석〉검사는 주어진 수치적 자료들을 얼마나 빠르고 정확하게 이해하여, 원하는 정보를 추출해 낼 수 있는가 하는 능력을 측정한다. - ●●●

예시문항

Q 다음 [표]로부터 알 수 없는 것은?

구분	영업거리 (km)	정거장수 (역)	표정속도 (km/h)	최고속도 (km/h)	편성 (량)	정원 (인)	운행간격 (분/초)	수송력 (인/h)	총건설비 (억 원)
T레일	16.9	9	43.5	80	6	584	4분00초	8,760	2,110
K레일	8.4	12	28	35	4	478	6분00초	4,780	6,810
O레일	13.3	12	35	75	4	494	6분42초	3,952	11,530
D레일	16.2	12	27	60	4	420	6분00초	4,200	17,750

※ 표정속도 = 구간거리(km)/정차시간을 포함한 구간 소요시간(h)
※ 편성 : 레일 하나를 이루는 객차량의 대수

① 영업거리를 운행하는 데 걸리는 시간
② 차량 1대당 승차인원
③ 적정운임의 산정
④ 평균 역간거리
⑤ 운행간격을 유지하는 데 필요한 차량의 최소 보유대수

 ③ 제시된 [표]에는 적정운임 산정 기준 등에 관한 자료가 없으므로 적정운임은 산정할 수 없다.
① 표정속도 또는 최고속도를 기준으로 영업거리를 운행하는 데 걸리는 시간을 구할 수 있다.
② 편성과 정원을 바탕으로 차량 1대당 승차인원을 알 수 있다.
④ 영업거리와 정거장 수를 바탕으로 평균 역간거리를 구할 수 있다.
⑤ 편성과 정원, 운행간격, 수송력을 바탕으로 운행간격을 유지하는 데 필요한 차량의 최소 보유대수를 구할 수 있다.

답 ③

1 다음 표로부터 알 수 없는 것은?

행정서비스 이용 방법 선호도

(단위 : %)

특성 \ 이용방법		직접방문	인터넷 홈페이지, 웹사이트	모바일 앱	이메일	SMS 문자메시지	공공 무인 민원발급기
성별	남성	16.6	49.7	15.3	1.5	0.9	0.7
	여성	16.6	48.1	15.0	1.5	2.0	0.4
교육 수준별	중졸이하	45.7	20.8	9.0	0.1	1.9	0.0
	고졸	18.5	45.8	12.0	1.6	1.1	1.1
	대졸이상	10.7	55.6	18.6	1.7	1.7	0.1

① 행정서비스 이용방법별 선호 순위
② 교육수준에 따른 대면 서비스 선호 차이
③ 교육수준별 모바일, 웹 사용량
④ 교육수준에 따른 비대면 행정서비스 선호도
⑤ 중졸이하 행정서비스 선호 순위

 ③ 교육수준별 모바일, 웹 사용량은 주어진 표를 통해 알 수 없고 모바일, 웹 서비스 선호도를 알 수 있다.

Answer 1.③

2 주어진 자료에 대한 해석으로 옳은 것을 무두 고른 것은?

〈성별 및 연령집단별 월간폭음률〉

(단위 : %)

		2008	2009	2010	2011	2012	2013	2014	2015	2016	2017
전체	전체	39.5	40	39.9	39	38	37.4	37.5	38.7	39.3	39
	19-29세	50.3	50	49.6	51.5	45.9	47.4	48.6	48.5	49.8	50.6
	30-39세	44.9	43.6	46.9	44.7	44.7	43	42.4	44.9	45.6	42.6
	40-49세	43.3	44.3	42.2	38	38.6	38.6	38.7	40.1	41	41.2
	50-59세	35.7	36.7	36.8	37.2	37.6	35.2	33.5	34.2	34.7	34.3
	60-69세	21.1	25.6	20.9	23.5	22.5	22.6	22	25.5	24.4	26
	70세 이상	9	9.3	10.8	8.5	11.8	8.6	12.3	10.9	9.9	10.5
남자	전체	56.7	57.6	57.6	55.9	53.4	53.2	53.1	54.2	53.5	52.7
	19-29세	60.6	62.6	63.3	63.2	55.3	56.2	56.8	58.7	53.5	54.8
	30-39세	63.1	62.2	66.8	65.1	60.5	59.4	60.8	64.1	62.8	57.9
	40-49세	62.7	64.1	61.4	54.6	55.3	59.3	56.2	56.5	58.5	59.1
	50-59세	60.4	58.5	57.5	59	57.9	54.5	52.4	51.3	53	52.5
	60-69세	39.6	45.2	38.1	42	40.2	41.1	39.7	42	42.3	43.3
	70세 이상	20.7	22.3	24.6	19.4	27.4	19	26.4	22.2	23.9	23
여자	전체	22.3	22.2	22.1	22.1	22.9	21.9	22.5	23.3	25	25
	19-29세	39	36.2	35.2	38.9	35.9	37.2	39.5	37	45.7	45.9
	30-39세	25.9	23.9	25.9	23.7	28	26.5	24.2	25.1	27.1	26
	40-49세	23.1	23.8	22.2	21	21.4	18.5	21.8	23.6	23	22.8
	50-59세	10.9	14.7	16.3	15.9	17.9	16.5	15.3	17.3	16.5	16.2
	60-69세	4.8	7.9	5.4	6.6	7.1	6.2	6.1	10	7.4	9.6
	70세 이상	2	1.4	2.2	1.6	1.8	2	2.7	3.4	1	2

⊙ 전체 월간폭음률은 2009년에 가장 높다.
ⓒ 남자와 여자의 전체 월간폭음률은 2015년부터 증감추이가 같다.
ⓒ 전체에서 70세 이상의 월간폭음률은 13%를 넘지 않는다.
㉣ 19-29세 여성의 월간폭음률은 매년 증가한다.
ⓜ 남자 전체의 월간폭음률은 항상 50%이상이다.

① ㉠, ㉡

② ㉠, ㉢

③ ㉠, ㉢, ㉤

④ ㉡, ㉣, ㉤

⑤ ㉡, ㉢, ㉤

 ㉠ 전체 월간폭음률은 2009년 40%로 가장 높다.

㉢ 전체 70세 이상의 월간폭음률의 최대수치는 12.3%로 13%를 넘지 않는다.

㉤ 남자 전체의 월간폭음률은 2008-2017년까지 50%이상이다.

㉡ 남자의 월간폭음률은 2015년부터 감소했고 여자의 월간폭음률은 2015-2016년에는 증가했고 2016-2017년에는 전년과 같은 수준을 유지했다.

㉣ 자료에 의하면 19-29세 여성의 월감폭음률은 매년 증감을 반복하고 있어 매년 증가했다고 할 수 없다.

Answer⌐ 2.③

3 다음은 甲 패스트푸드점 메뉴의 영양성분표이다. 이에 대한 설명을 옳지 않은 것은?

〈메인 메뉴 단위당 영양성분표〉

구분 메뉴	중량(g)	열량(kcal)	성분함량			
			당(g)	단백질(g)	포화지방(g)	나트륨(mg)
치즈버거	114	297	7	15	7	758
햄버거	100	248	6	13	5	548
새우버거	197	395	9	15	5	882
치킨버거	163	374	6	15	5	719
불고기버거	155	399	13	16	2	760
칠리버거	228	443	7	22	5	972
베이컨버거	242	513	15	26	13	1,197
스페셜버거	213	505	8	26	12	1,059

〈스낵 메뉴 단위당 영양성분표〉

구분 메뉴	중량(g)	열량(kcal)	성분함량			
			당(g)	단백질(g)	포화지방(g)	나트륨(mg)
감자튀김	114	352	0	4	4	181
조각치킨	68	165	0	10	3	313
치즈스틱	47	172	0	6	6	267

① 열량이 가장 높은 메인 메뉴 3개의 열량이 높은 순서와 나트륨 함량이 높은 순서가 같다.

② 서로 다른 두 메인 메뉴를 섭취할 시 총 단백질 함량은 총 포화지방의 함량의 두 배 이상이다.

③ 중량 대비 열량의 비율은 치킨버거가 새우버거보다 높다.

④ 스낵 메뉴 한 단위씩 섭취 시 총 나트륨 양보다 치즈버거 한 개의 나트륨 양이 더 많다.

⑤ 메인 메뉴 중 단백질 함량이 당 함량의 2배가 넘는 메뉴는 5개 이상이다.

④ 스낵 메뉴를 한 단위씩 섭취 할 시 총 761mg의 나트륨을 섭취하게 되고 치즈버거 한 개 섭취 시 총 758mg의 나트륨을 섭취하게 되므로 치즈버거 한 개의 나트륨 양이 더 적다.

① 열량이 높은 메인 메뉴 3개는 베이컨버거—스페셜버거—칠리버거 순이고 나트륨이 높 은 메인 메뉴도 베이컨버거—스페셜버거—칠리버거 순이다.

② 모든 메인 메뉴의 단백질 함량은 포화지방의 함량보다 2배 이상이다.

③ 치킨버거의 중량 대비 열량의 비율은 229.4%이고 새우버거의 중량 대비 열량의 비율 은 200.5%

⑤ 메인 메뉴 중 단백질 함량이 당 함량의 2배가 넘는 메뉴는 치즈버거, 햄버거, 치킨버 거, 칠리버거, 스페셜버거 총 5개이다.

Answer ➡ 3.④

4 다음은 A회사의 연도별 임직원 현황에 관한 자료이다. 이에 대한 해석으로 옳지 않은 것은?

〈A회사의 연도별 임직원 현황〉

(단위 : 명)

구분	연도	2017	2018	2019
국적	한국	9,566	10,197	9,070
	중국	2,636	3,748	4,853
	일본	1,615	2,353	2,749
	대만	1,333	1,585	2,032
	기타	97	115	153
	계	15,247	17,998	18,857
고용형태	정규직	14,173	16,007	17,341
	비정규직	1,074	1,991	1,516
연령	20대 이하	8,914	8,933	10,947
	30대	5,181	7,113	6,210
	40대 이상	1,152	1,952	1,700
	계	15,247	17,998	18,857
직급	사원	12,365	14,800	15,504
	간부	2,801	3,109	3,255
	임원	81	89	98
	계	15,247	17,998	18,857

① 일본, 대만 및 기타 국적의 임직원 수의 합은 매년 중국 국적의 임직원 수보다 많다.
② 모든 직급에서 인원수가 매년 증가하고 있다.
③ 매년 전체 임직원 중 20대 이하 직원이 차지하는 비중은 50%를 넘는다.
④ 전년대비 임직원 수가 가장 많이 증가한 국적은 2018년, 2019년 모두 중국이다.
⑤ 고용형태에 따른 임직원의 국적 비율은 알 수 없다.

 ③ 2018년의 전체 임직원 중 20대 이하 직원이 차지하는 비중은 49.6%로 50%를 넘지 않는다.

① 일본, 대만 및 기타 국적의 임직원 수의 합은 '3,045→4,053→4,934'로 매년 중국 국적의 임직원 수 '2,636→3,748→4,853' 보다 많다.

④ 중국은 전년대비 2018년에는 1,112명 증가, 2019년에는 1,105명이 증가하여 다른 국적의 임직원 보다 많이 증가했다.

⑤ 위 자료의 내용만으로는 알 수 없다.

5 제시된 자료는 ○○병원 직원의 병원비 지원에 대한 내용이다. 다음 중 A~D 직원 4명의 총 병원비 지원 금액은 얼마인가?

병원비 지원 기준

■ 임직원 본인의 수술비 및 입원비 : 100% 지원

■ 임직원 가족의 수술비 및 입원비

• 임직원의 배우자 : 90% 지원

• 임직원의 직계 존·비속 : 80%

• 임직원의 형제 및 자매 : 50%(단, 직계 존·비속 지원이 우선되며, 해당 신청이 없을 경우에 한하여 지급한다.)

• 병원비 지원 신청은 본인 포함 최대 3인에 한한다.

병원비 신청 내역	
A 직원	본인 수술비 300만 원, 배우자 입원비 50만 원
B 직원	배우자 입원비 50만 원, 딸 수술비 200만 원
C 직원	본인 수술비 300만 원, 아들 수술비 400만 원
D 직원	본인 입원비 100만 원, 어머니 수술비 100만 원, 남동생 입원비 50만 원

① 1,200만 원 　　　　　　　② 1,250만 원

③ 1,300만 원 　　　　　　　④ 1,350만 원

⑤ 1,400만 원

 병원비 지원 기준에 따라 각 직원이 지원 받을 수 있는 내역을 정리하면 다음과 같다.

A 직원	본인 수술비 300만 원(100% 지원), 배우자 입원비 50만 원(90% 지원)
B 직원	배우자 입원비 50만 원(90% 지원), 딸 수술비 200만 원(직계비속→80% 지원)
C 직원	본인 수술비 300만 원(100% 지원), 아들 수술비 400만 원(직계비속→80% 지원)
D 직원	본인 입원비 100만 원(100% 지원), 어머니 수술비 100만 원(직계존속→80% 지원), 남동생 입원비 50만 원(직계존속 신청 有→지원 ×)

이를 바탕으로 A~D 직원 4명이 총 병원비 지원 금액을 계산하면 1,350만 원이다.

A 직원	$300 + (50 \times 0.9) = 345$만 원
B 직원	$(50 \times 0.9) + (200 \times 0.8) = 205$만 원
C 직원	$300 + (400 \times 0.8) = 620$만 원
D 직원	$100 + (100 \times 0.8) = 180$만 원

Answer 4.③　5.④

6 〈표1〉은 정서 표현 수준을 측정하는 설문지에 대한 참가자 A의 반응이고, 〈표2〉는 전체 조사 대상자(표본)의 정서 표현 영역별 평균값이다. A의 점수를 바르게 나타낸 것은

〈표1〉

문항	문항 내용	전혀 그렇지 않다	거의 그렇지 않다	가끔 그렇다	자주 그렇다	항상 그렇다
1	나는 주위 사람이 알아차릴 정도로 화를 낸다.	1	2	3	4	⑤
2	나는 친구들 앞에서 잘 웃는다.	1	2	③	4	5
3	나는 혼자 있을 때 과거의 일을 생각하고 크게 웃는다.	1	2	③	4	5
4	나는 일이 뜻대로 되지 않을 땐 실망감을 표현한다.	1	2	3	④	5

* 긍정 정서 표현 점수는 문항 2와 3을, 부정 정서 표현 점수는 문항 1과 4를, 전체 표현 점수는 모든 문항을 합산하여 계산한다.

〈표2〉

정서 표현 영역	표본의 평균값
긍정 정서 표현	8.1
부정 정서 표현	6.3
전체 표현성	14.4

	긍정 정서 표현 점수	부정 정서 표현 점수
①	9	6
②	8	7
③	7	8
④	6	9
⑤	5	10

(Tip) 긍정 정서 표현 점수는 2, 3번 문항의 점수를 합하고, 부정 정서 표현 점수는 1, 4번 문항의 점수를 합하면 되므로 긍정 정서 표현 점수는 6, 부정 정서 표현 점수는 9이다.

7 다음 표는 (가), (나), (다) 세 기업의 남자 사원 400명에 대해 현재의 노동 조건에 만족하는가에 관한 설문 조사를 실시한 결과이다. ⊙~② 중에서 옳은 것은 어느 것인가?

구분	불만	어느 쪽도 아니다	만족	계
(가)회사	34	38	50	122
(나)회사	73	11	58	142
(다)회사	71	41	24	136
계	178	90	132	400

⊙ 이 설문 조사에서는 현재의 노동 조건에 대해 불만을 나타낸 사람은 과반수를 넘지 않는다.

ⓒ 가장 불만 비율이 높은 기업은 (다)회사이다.

ⓒ 어느 쪽도 아니다라고 회답한 사람이 가장 적은 (나)회사는 가장 노동조건이 좋은 기업이다.

② 만족이라고 답변한 사람이 가장 많은 (나)회사가 가장 노동조건이 좋은 회사이다.

① ⊙, ⓒ   ② ⊙, ⓒ

③ ⓒ, ⓒ   ④ ⓒ, ②

⑤ ⓒ, ②

 각사 조사 회답 지수를 100%로 하고 각각의 회답을 집계하면 다음과 같은 표가 된다.

구분	불만	어느 쪽도 아니다	만족	계
(가)회사	34(27.9)	38(31.1)	50(41.0)	122(100.0)
(나)회사	73(51.4)	11(7.7)	58(40.8)	142(100.0)
(다)회사	71(52.2)	41(30.1)	24(17.6)	136(100.0)
계	178(44.5)	90(22.5)	132(33.0)	400(100.0)

ⓒ 어느 쪽도 아니다라고 답한 사람이 가장 적다는 것은 만족이거나 불만으로 나뉘어져 있는 것만 나타내는 것이며 노동 조건의 좋고 나쁨과는 관계가 없다.

② 만족을 나타낸 사람의 수가 (나)회사가 가장 많았으나 142명 중 58명으로 40.8%이므로 (가)회사의 42%보다 낮다.

Answer 6.④ 7.①

8 다음은 甲국의 단계별 농·축·수산물 안전성 조사결과이다. 이에 대한 설명으로 옳은 것만 모두 고른 것은?

〈2019년 甲국의 단계별 농·축·수산물 안전성 조사결과〉

	농산물		축산물		수산물	
	조사건수	부적합건수	조사건수	부적합건수	조사건수	부적합건수
생산단계	91,211	1,209	418,647	1,803	12,922	235
유통단계	55,094	516	22,927	106	8,988	49
총계	146,305	1,725	441,574	1,909	21,910	284

〈甲국의 연도별 농·축·수산물 생산단계 안전성 조사결과〉

	농산물		축산물		수산물	
	조사실적지수	부적합건수	조사실적지수	부적합건수	조사실적지수	부적합건수
2016	84		86		84	
2017	87		92		91	
2018	99		105		92	
2019	100	1,209	100	1,803	100	235

* 해당년도조사실적지수$= \dfrac{해당년도조사건수}{2019년조사건수} \times 100$

　단, 조사실적지수는 소수점 첫째 자리에서 반올림한 값임.

** 부적합건수비율(%)$= \dfrac{부적합건수}{조사건수} \times 100$

　㉠ 조사기간 동안 농·축·수산물 각각의 생산단계 조사건수 전년대비 매년 증가한다.

　㉡ 2019년 생산단계 부적합건수비율은 수산물→농산물→축산물 순으로 높다.

　㉢ 2019년 유통단계에서 부적합건수비율은 축산물이 수산물보다 낮다.

　㉣ 2016년, 2017년 농산물의 조사실적건수는 모두 7만 건이 넘는다.

---

① ㉠, ㉡   ② ㉠, ㉢

③ ㉡, ㉣   ④ ㉠, ㉡, ㉣

⑤ ㉡, ㉢, ㉣

 ㉠ 축산물의 조사실적지수를 보면 2018년도가 2019년도에 비해 높으므로 2019년에 축산물의 조사건수가 전년대비 감소한 것을 알 수 있다.

　㉡ 2019년 생산단계 부적합건수비율은 수산물(1.81%)→농산물(1.32%)→축산물(0.43%) 순으로 높다.

　㉢ 2019년 유통단계에서 부적합건수비율은 수산물이 0.54%로 0.46%인 축산물보다 높다.

　㉣ 2016년, 2017년 농산물의 조사실적건수는 76,617(2016년), 79,353(2017년)으로 모두 7만 건을 넘는다.

9 인터넷 쇼핑몰에서 회원가입을 하고 디지털캠코더를 구매하려고 한다. 다음은 구입하고자 하는 모델에 대하여 인터넷 쇼핑몰 세 곳의 가격과 조건을 제시한 표이다. 표에 있는 모든 혜택을 적용하였을 때 디지털캠코더의 배송비를 포함한 실제 구매가격을 바르게 비교한 것은?

구분	A 쇼핑몰	B 쇼핑몰	C 쇼핑몰
정상가격	129,000원	131,000원	130,000원
회원혜택	7,000원 할인	3,500원 할인	7% 할인
할인쿠폰	5% 쿠폰	3% 쿠폰	5,000원
중복할인여부	불가	가능	불가
배송비	2,000원	무료	2,500원

① A<B<C
② B<C<A
③ C<A<B
④ C<B<A
⑤ A<C<B

 ㉠ A 쇼핑몰
· 회원혜택을 선택한 경우 : $129,000-7,000+2,000=124,000$(원)
· 5% 할인쿠폰을 선택한 경우 : $129,000×0.95+2,000=124,550$(원)
㉡ B 쇼핑몰 : $131,000×0.97-3,500=123,570$(원)
㉢ C 쇼핑몰
· 회원혜택을 선택한 경우 : $130,000×0.93+2,500=123,400$(원)
· 5,000원 할인쿠폰을 선택한 경우 : $130,000-5,000+2,500=127,500$(원)
∴ C<B<A

Answer ↪ 8.⑤ 9.④

10 다음은 성별 및 연령집단별 평일과 휴일 여가시간을 나타낸 자료이다. 이에 대한 설명으로 옳지 않은 것은?

평일과 휴일 여가시간

(단위 : 시간)

		요일평균				평일				휴일			
		'12	'14	'16	'18	'12	'14	'16	'18	'12	'14	'16	'18
전체		3.8	4.2	3.6	3.9	3.3	3.6	3.1	3.3	5.1	5.8	5	5.3
성	남자		4	3.5	3.7	3.1	3.3	2.9	3.1	5.2	5.8	5.1	5.3
	여자	3.9	4.3	3.8		3.5	3.8	3.3	3.4	5	5.7	4.9	5.2
연령집단	10대	3.2	3.8	3.4	3.5	2.6	3.1	2.7	2.8	4.8	5.6	5.1	5.1
	20대	3.8	4.1	3.6	3.9	3.1	3.3	2.9	3.2	5.6	6.1	5.3	5.7
	30대	3.4	3.8	3.4	3.4	2.8	3.1	2.8	2.8	4.8	5.5	4.8	5
	40대	3.5	3.9	3.3	3.5	3	3.2	2.8	2.9	4.9	5.6	4.7	5
	50대	3.5	4.1	3.4	3.6	3	3.5	2.9	3	4.8	5.6	4.8	5.1
	60대	4.4	4.8	4	4.1	4.1	4.3	3.6	3.6	5.2	5.9	5.1	5.4
	70대 이상	6.1	5.6	5	5.1	5.9	5.3	4.7	4.8	6.5	6.5	5.7	5.8

※ 요일평균 여가시간＝{(평일 여가시간 × 5일) + (휴일 여가시간 × 2일)} ÷ 7일

① 10대의 휴일 여가시간은 2012년에 가장 적었다.

② 2018년도 여자의 요일평균 여가시간은 2012년도 남자의 요일평균 여가시간보다 많다.

③ 20대의 평일 여가시간은 항상 3시간 이상이었다.

④ 2016년의 평일 여가시간이 가장 많은 연령은 70대 이상이다.

⑤ 전 연령집단의 평일 여가시간의 평균은 2014년이 가장 높다.

 ③ 20대의 평일 여가시간은 2016년 2.9시간이었다.

① 10대의 휴일 여가시간은 4.8시간으로 2012에 가장 적었다.

② 2018년도 여자의 요일평균 여가시간은 요일평균 여가시간＝{(3.4×5일)+(5.2×2일)} ÷7일＝3.9 2012년도 남자의 요일평균 여가시간은{(3.1×5일)+(5.2×2일)}÷7일＝3.7 로 여자의 요일평균 여가시간이 더 많다.

④ 2016년에 70대 이상의 평일 여가시간이 4.7시간으로 가장 많았다.

⑤ 전 연령집단의 평일 여가시간은 2012년에는 3.5시간, 2014년에는 3.69시간, 2016년에는 3.2시간 2018년에는 3.3시간으로 2014년에 가장 높다.

┃11~14┃ 다음 자료는 각국의 아프가니스탄 지원금 약속현황 및 집행현황을 나타낸 것이다. 물음에 답하시오.

(단위 : 백만 달러, %)

지원국	약속금액	집행금액	집행비율
미국	10,400	5,022	48.3
EU	1,721	㉠	62.4
세계은행	1,604	853	53.2
영국	1,455	1,266	87.0
일본	1,410	1,393	98.8
독일	1,226	768	62.6
캐나다	㉡	731	93.8
이탈리아	424	424	100.0
스페인	63	26	㉢

11 ㉠에 들어갈 값은 얼마인가?

① 647

② 840

③ 1,074

④ 1,348

⑤ 1,579

(Tip) $\dfrac{x}{1721} \times 100 = 62.4$

$x = \dfrac{62.4 \times 1721}{100} ≒ 1074$

12 ⓛ에 들어갈 값은 얼마인가?

① 686

② 779

③ 782

④ 830

⑤ 864

(Tip)
$$\frac{731}{x} \times 100 = 93.8$$

$$x = \frac{731 \times 100}{93.8} = 779$$

13 ⓒ에 들어갈 값은 얼마인가?

① 142.3%

② 58.2%

③ 41.3%

④ 40.5%

⑤ 24.2%

(Tip)
$$\frac{26}{63} \times 100 ≒ 41.3$$

14 위의 표에 대한 설명으로 옳지 않은 것은?

① 집행비율이 가장 높은 나라는 이탈리아이다.

② 50% 미만의 집행비율을 나타내는 나라는 2개국이다.

③ 집행금액이 두 번째로 많은 나라는 일본이다.

④ 약속금액이 두 번째로 많은 나라는 EU이다.

⑤ 집행비율이 가장 낮은 나라는 미국이다.

(Tip) ⑤ 집행비율이 가장 낮은 나라는 41.3%인 스페인이다.

15 다음은 연도별 쌀 공급량 및 수요량을 나타낸 쌀 수급 추이 표이다. 퍼즐의 빈칸을 채운 뒤, 빈칸에 들어가지 않은 숫자를 고르면?

구분	1999	2000	2001	2002	2003	2004	2005	2006	2007
공급량	5,997	6,092	6,486	7,004	6,554	5,568	6,042	5,838	5,756
−이월	803	722	978	1,335	1,447	924	850	832	830
−생산	㉠	5,263	5,291	5,515	4,927	4,451	5,000	4,768	4,680
−수입	97	107	217	154	180	193	㉡	238	246
수요량	5,278	5,114	5,151	5,557	5,630	4,718	5,210	5,008	5,061
−식량	4,541	4,425	4,209	4,145	3,987	3,952	3,815	3,860	3,789
−가공	174	175	183	337	313	335	324	373	424
−종자	38	46	47	45	44	43	㉢	41	41
−기타	㉣	468	712	1,030	1,286	388	1,029	734	807

[가로]
1. ㉠에 들어갈 숫자는?
2. 2005년에 비해 2006년의 가공 수요량은 얼마나 증가하였는가?

[세로]
1) ㉡에 들어갈 숫자는?
2) ㉣에 들어갈 숫자는?
3) ㉢에 들어갈 숫자는?

① 0

② 1

③ 2

④ 3

⑤ 4

(Tip)

[가로]
1. $5997 - 803 - 97 = 5097$
2. $373 - 324 = 49$

[세로]
1) $6042 - 850 - 5000 = 192$
2) $5278 - 4541 - 174 - 38 = 525$
3) $5210 - 3815 - 324 - 1029 = 42$

퍼즐:

		1)		
		1		
1.2) 5	0	9	7	
	2		2	
5		2.3)	4	9
			2	

｜16~18｜ 다음 표는 어떤 렌터카 회사에서 제시한 차종별 자동차 대여료이다. 물음에 답하시오.
(단, 대여 시간을 초과하는 것은 다음 단계의 요금을 적용한다)

구분	대여 기간별 1일 요금			대여 시간별 요금	
	1~2일	3~6일	7일 이상	6시간	12시간
소형(4인승)	75,000	68,000	60,000	34,000	49,000
중형(5인승)	105,000	95,000	84,000	48,000	69,000
대형(8인승)	182,000	164,000	146,000	82,000	119,000
SUV(7인승)	152,000	137,000	122,000	69,000	99,000
승합(15인승)	165,000	149,000	132,000	75,000	108,000

16 C동아리 학생 10명이 차량을 대여하여 9박 10일간의 전국일주를 계획하고 있다. 다음 중 가장 경제적인 차량 임대 방법을 고르면?

① 승합차량 1대를 대여한다.

② 소형차 3대를 대여한다.

③ 중형차 2대를 대여한다.

④ 소형차 1대와 SUV 1대를 대여한다.

⑤ SUV 2대를 대여한다.

 하루 대여 비용을 계산해보면 다음과 같다. 따라서 가장 경제적인 차량 임대 방법은 승합차량 1대를 대여하는 것이다.
① 132,000원
② $60,000 \times 3 = 180,000$(원)
③ $84,000 \times 2 = 168,000$(원)
④ $60,000 + 122,000 = 182,000$(원)
⑤ $122,000 \times 2 = 244,000$(원)

17 D대학 학생 11명이 승합차를 대여하여 3박 4일간의 해양문화 탐방을 하고자 한다. 이들은 출발일 오전 9시에 출발하고, 도착일 오후 2시에 차를 반납할 예정이다. 이때 지급할 승합차의 대여료는 얼마인가?

① 447,000원   ② 492,000원

③ 522,000원   ④ 536,000원

⑤ 596,000원

 출발일 오전 9시부터 도착일 오전 9시까지 3일을 대여하고, 도착일 오전 9시부터 오후 2시까지 6시간 대여 시간별 요금을 적용한다. $149,000 \times 3 + 75,000 = 522,000$(원)

18 어떤 사람이 소형 차량을 오전 8시에 임대하여 다음날 오후 3시에 반납하고자 한다. 이때 렌트카의 대여료는 얼마인가?

① 109,000원   ② 117,000원

③ 124,000원   ④ 154,000원

⑤ 164,000원

 오전 8시부터 다음날 오전 8시까지 1일의 대여 요금을 적용하고, 오전 8시부터 오후 3시까지는 대여 시간 6시간을 초과하므로 12시간의 요금을 적용한다.
$75,000 + 49,000 = 124,000$(원)

Answer 16.①   17.③   18.③

| 19～21 | 다음 표는 어느 분야의 각 국가별 특허 출원 및 논문 발표 현황을 나타낸다. 물음에 답하시오.

국가	특허 수
미국	60
일본	27
독일	15
중국	10
한국	4
이스라엘	3
타이완	3
덴마크	2
벨기에	2
영국	2

〈특허〉

〈논문〉

미국 25%
영국 13%
독일 11%
한국 4%
중국 4%
일본 4%
대만 3%
스위스 3%
싱가포르 3%
캐나다 3%
프랑스 3%
이탈리아 2%
네덜란드 2%
오스트리아 2%
기타 16%

19 다음 설명 중 옳은 것은?

① 미국의 논문 발표 수는 2위와 3위 국가의 논문 발표 수를 합친 것보다 많다.

② 표시되지 않은 국가에서 발표한 논문 수는 영국에서 발표한 논문 수보다 적다.

③ 대만은 일본보다 논문을 많이 발표하였다.

④ 3%의 논문발표 비중을 갖는 나라의 수는 6개 국가이다.

⑤ 한국은 프랑스보다 논문을 적게 발표하였다.

 ② 표시되지 않은 국가에서 발표한 논문 수는 16%로 영국의 13%보다 많다.

③ 대만은 3%, 일본은 4%로 일본이 논문을 더 많이 발표하였다.

④ 프랑스, 캐나다, 싱가포르, 스위스, 대만으로 5개 국가이다.

⑤ 한국은 4%로 프랑스의 3%보다 논문을 많이 발표하였다.

20 다음 설명 중 옳은 것은?

① 미국의 특허 수는 다른 모든 나라의 특허 수를 합친 것보다 많다.

② 이스라엘은 타이완보다 특허 수가 많다.

③ 일본의 특허 수는 독일과 중국의 특허 수를 합친 것보다 많다.

④ 한국은 중국보다 특허 수가 많다.

⑤ 중국의 특허 수는 벨기에와 덴마크의 특허 수를 합친 것보다 적다.

 ① 다른 모든 나라의 특허 수를 합치면 68이다.
② 이스라엘과 타이완은 특허 수가 3으로 동일하다.
④ 한국은 중국보다 특허 수가 적다.
⑤ 중국의 특허 수는 벨기에와 덴마크의 특허 수를 합친 것보다 많다.

21 전체 발표된 논문의 수가 300편이라면 영국의 발표논문은 몇 편인가?

① 33편　　　　　　　　　② 36편

③ 39편　　　　　　　　　④ 43편

⑤ 45편

$$300 \times \frac{13}{100} = 39(편)$$

Answer ↱　19.①　20.③　21.③

22 다음은 어느 해의 1월부터 8월까지 유럽에서 판매된 자동차의 회사별 판매대수와 작년과 같은 기간과 대비한 변동 지수이다. 설명으로 옳은 것은?

자동차 회사	판매 대수	변동지수 (전년 동기간 = 100)
폭스바겐 그룹	1,752,369	99.5
PSA 그룹	1,474,173	96.6
포드 그룹	1,072,958	103.6
르노	1,001,763	100.3
GM 그룹	950,832	99.8
피아트 그룹	723,627	103.0
다임러-크라이슬러 그룹	630,912	95.9
도요타	459,063	109.0
BMW 그룹	413,977	107.9
현대 · 기아	292,675	120.6
마쓰다	137,294	124.6
혼다	130,932	111.1
전체	9,040,575	102.0

① 일본과 한국 회사들보다 유럽과 미국계 회사들의 판매 증가율이 높았다.
② 마쓰다의 판매 증가율이 가장 크고, PSA 그룹의 판매 감소율이 가장 크다.
③ 4개 기업을 제외하고는 모두 작년과 같은 기간에 비해 판매가 줄었다.
④ 작년과 같은 기간 동안 판매된 자동차수를 비교하면 다임러-크라이슬러 그룹보다 피아트 그룹이 더 많았다.
⑤ 전체적으로 보면 작년과 같은 기간에 비해 판매가 줄었다.

 ① 유럽과 미국계 회사들보다 일본과 한국 회사들의 판매 증가율이 높았다.
② 마쓰다의 판매 증가율이 가장 크고, 다임러-크라이슬러 그룹의 판매 감소율이 가장 크다.
③ 4개 기업을 제외하고는 모두 작년과 같은 기간에 비해 판매가 늘었다.
⑤ 전체적으로 보면 작년과 같은 기간에 비해 판매가 늘었다.

23 다음은 계절별 평균 기온 변화 현황을 나타낸 자료이다. 이에 대한 해석으로 옳은 것을 모두 고른 것은?

계절별 평균 기온 변화 현황

(단위 : ℃)

	2010	2011	2012	2013	2014	2015	2016	2017	2018
년 평균	12.4		12.4	13.3	13.1	13.3	13.7	12.7	13.4
봄	10.8	11	12.2	11.6	13.1	12.7	13.2	13	13.1
여름	24.9	24	24.7	25.4	23.6	23.7	24.8	24.5	25.4
가을	14.5	15.3	13.7	14.6	14.9	15.2	15.1	14.2	13.8
겨울	-0.7	-0.4	-1	1.5	0.7	1.4	1.6	-0.8	1.3

> ㉠ 2014년~2016년 겨울의 평균 기온이 상승추이를 보인다.
> ㉡ 2011년의 년 평균기온은 12.475℃이다.
> ㉢ 2012년 이후 년 평균기온이 계속 상승하고 있다.
> ㉣ 여름 평균 기온 중 2013년과 2018년의 평균 기온이 가장 높다.

① ㉠, ㉡

② ㉡, ㉢

③ ㉠, ㉡, ㉢

④ ㉠, ㉡, ㉣

⑤ ㉠, ㉡, ㉢, ㉣

㉢ 2012년 이후 년 평균기온은 12.4→13.3→13.1→13.3→13.7→12.7→13.4로 계속 상승한 다고 볼 수 없다.

㉠ 2014년~2016년 겨울의 평균 기온은 0.7→1.4→1.6으로 상승추이를 보인다.

㉡ 2011년의 년 평균기온은 $\dfrac{11+24+15.3+(-0.4)}{4}=12.475$로 12.475℃이다.

㉣ 여름 평균 기온 중 2013년과 2018년의 평균 기온이 25.4℃로 가장 높다.

Answer ⟶ 22.④ 23.④

|24~25| 다음은 업종별 영업시간 및 한 달 영업일수를 나타낸 자료이다. 물음에 답하시오.

업종별 1일 영업시간

(단위 : %)

업종	영업시간	12시간 미만	12시간	12시간 초과
일반 음식점	한식	48.6	37.4	14.0
	중식	55.4	㉠	6.6
	일식	53.2	39.7	7.1
	서양식	61.9	33.5	4.6
	기타 외국식	60.4	33.0	6.6
일반 음식점 외	기관 구내식당업	㉡	15.2	6.1
	출장 · 이동음식점업	60.5	28.6	10.8
	기타 음식점업	24.2	27.3	48.5
	주점업	85.5	9.1	5.4
	비알콜 음료점업	30.3	39.4	30.3

업종별 한 달 영업일수

(단위 : %)

업종	영업일수	24일 이하	25~26일	27~28일	29~30일
일반 음식점	한식	3.3	42.6	20.5	33.6
	중식	1.0	51.7	20.5	26.8
	일식	2.0	56.6	14.1	27.4
	서양식	1.7	47.6	14.9	35.8
	기타 외국식	4.3	47.6	10.8	37.3
일반 음식점 외	기관 구내식당업	36.6	43.8	4.7	14.9
	출장 · 이동음식점업	36.1	39.3	4.8	19.8
	기타 음식점업	4.5	33.9	14.9	46.6
	주점업	2.1	39.1	20.8	38.0
	비알콜 음료점업	3.4	34.7	10.1	51.9

24 위에 제시된 자료를 바르게 해석하지 못한 것은?

① 일반 음식점 중 영업시간이 12시간을 초과하는 비중이 가장 높은 곳은 한식이다.

② 일반 음식점 중 한 달 영업일수가 24일 이하인 비중이 가장 높은 업종이 1일 영업시간이 12시간 미만인 비중도 가장 높다.

③ 비알콜 음료점업은 영업일수가 29~30일인 비중이 가장 높다.

④ 일반 음식점 외에서 출장·이동음식점업은 영업시간이 12시간 미만인 경우가 가장 많다.

⑤ 일반음식점인 모든 업종은 영업일수가 25~26일인 비중이 40%이상이다.

② 일반 음식점 중 한 달 영업일수가 24일 이하인 비중이 가장 높은 업종은 기타 외국식이고 1일 영업시간이 12시간 미만인 비중이 가장 높은 업종은 서양식이다.

① 일반 음식점 중 영업시간이 12시간을 초과하는 비중은 14.0%로 한식이 가장 높다.

③ 비알콜 음료점업은 영업일수가 29~30일인 비중이 51.9%로 가장 높다.

④ 일반 음식점 외에서 출장·이동음식점업은 영업시간이 12시간 미만인 경우가 60.5% 가장 많다.

25 위 표에서 ㉠와 ㉡에 들어갈 수치의 합은?

① 116.7   ② 121.4

③ 121.7   ④ 122.3

⑤ 122.9

12시간 미만, 12시간, 12시간 초과의 수치를 모두 합하면 100이 되므로
㉠는 100−(55.4+6.6)=38.0이고 ㉡는 100−(15.2+6.1)=78.7이다. 그러므로 ㉠와 ㉡의 합은 38.0+78.7=116.7이다.

26 다음은 가구당 순자산 보유액 구간별 가구 분포에 관련된 표이다. 이 표를 바탕으로 이해한 내용으로 가장 적절한 것은?

〈가구당 순자산 보유액 구간별 가구 분포〉

(단위 : %, %p)

순자산(억 원)	가구분포		
	2016년	2017년	전년차(비)
-1 미만	0.2	0.2	0.0
-1~0 미만	2.6	2.7	0.1
0~1 미만	31.9	31.2	-0.7
1~2 미만	19.1	18.5	-0.6
2~3 미만	13.8	13.5	-0.3
3~4 미만	9.5	9.4	-0.1
4~5 미만	6.3	6.8	0.5
5~6 미만	4.4	4.6	0.2
6~7 미만	3.0	3.2	0.2
7~8 미만	2.0	2.2	0.2
8~9 미만	1.5	1.5	0.0
9~10 미만	1.2	1.2	0.0
10 이상	4.5	5.0	0.5
평균(만 원)	29,918	31,142	4.1
중앙값(만 원)	17,740	18,525	4.4

① 순자산 보유액이 많은 가구보다 적은 가구의 2017년 비중이 전년보다 더 증가하였다.
② 순자산이 많은 가구의 소득은 2016년 대비 2017년에 더 감소하였다.
③ 소수의 사람들이 많은 순자산을 가지고 있다.
④ 2017년의 순자산 보유액이 3억 원 미만인 가구는 전체의 50%가 조금 안 된다.
⑤ 1억 원 미만의 순자산을 보유한 가구의 비중은 2017년에 전혀 줄지 않았다.

2017년을 기준으로 볼 때, 중앙값이 1억 8,525만 원이며, 평균이 3억 1,142만 원임을 알 수 있다. 중앙값이 평균값에 비해 매우 적다는 것은 소수의 사람들에게 순자산 보유액이 집중되어 있다는 것을 의미한다고 볼 수 있다.

① 순자산 보유액 구간의 중간인 '4~5' 미만 기준으로 구분해 보면, 상대적으로 순자산 보유액이 많은 가구가 적은 가구보다 2017년 비중이 전년보다 더 증가하였다.

② 주어진 표로 가구의 소득은 알 수 없다.

④ 전체의 66.1%를 차지한다.

⑤ 2016년 34.7%에서 2017년 34.1%로 0.6%p 줄었다.

|27~28 | 다음은 스마트기기를 활용한 여가활동을 조사한 자료이다. 물음에 답하시오.

〈가구소득별 스마트기기를 활용한 여가 활동〉

여가활동 / 가구소득	인터넷	모바일 메신저	SNS	게임	TV 시청	쇼핑	음악 감상	인터넷 방송	드라마/ 영화보기
100만 원(미만)	22.3	24.9	17.1	10.4	5.4	1.5	4.9	4.7	1.9
100~200만 원	26.3	28.9	10.7	10.9	7.4	1.5	5.5	1.7	2.2
200~300만 원	31.8	19.2	14.8	13.1	4.6	4.3	4.2	1.7	2.9
300~400만 원	33	18.6	14.7	16.7	3.4	2.7	3.6	1.9	1.9
400~500만 원	31.9	16.8	14.8	14.8	4.6	4.1	2.6	2.9	2.6
500~600만 원	34.5	16.4	14.6	13.4	3.8	3.8	4.5	2.5	2.3
600만 원 이상	26.2	14.6	15	12.3	4.9	6.3	4	4.7	4.7

〈지역규모별 스마트기기를 활용한 여가 활동〉

여가활동 / 지역규모	인터넷	모바일 메신저	SNS	게임	TV시청	쇼핑	음악 감상	인터넷 방송	드라마/ 영화보기
대도시	29.4	20.6	15.8	13.3	4.8	3.5	3.2	1.9	3.6
중소도시	31	15.1	13.3	15	4.9	4.9	4.3	3.8	2.4
읍면지역	37	17.4	14.6	14.3	2	2.6	4	2.3	0.9

27 다음 중 제시된 자료를 잘못 해석한 것은?

① 지역규모에 상관없이 인터넷 사용률이 가장 높다.

② 가구소득이 400~500만 원 미만인 집단에서 14% 이상을 차지하는 여가활동은 4가지다.

③ 각 지역규모별 조사 인원이 동일하다면 스마트기기로 게임을 하는 사람의 수는 중소도시에 가장 많다.

④ 스마트기기로 드라마/영화를 보는 사람 수는 가구소득이 100만 원 미만과 300~400만 원인 집단이 같다.

⑤ 가구소득 200만원 이상인 가구에서 가장 높은 비중을 차지하는 활동은 인터넷이다

④ 가구소득별 인구를 알 수 없으므로 비율이 같다는 것으로 사람 수가 같다고 할 수 없다.
① 지역규모에 상관없이 스마트 기기를 활용하여 인터넷을 하는 사람의 비중이 가장 높다.
② 가구소득이 400~500만 원 미만인 집단에서 14%이상을 차지하는 여가활동은 인터넷(31.9), 모바일 메신저(16.8), SNS(14.8), 게임(14.8) 4가지다.
③ 각 지역규모별 조사 인원이 동일할 때 스마트기기로 게임을 하는 사람은 대도시(13.3), 중소도시(15), 읍면지역(14.3)으로 중소도시가 가장 많다.
⑤ 100만 원(미만) : 인터넷(22.3)＜모바일 메신저(24.9)
　　100~200만 원 : 인터넷(26.3)＜모바일 메신저(28.9)

28 가구소득이 600만 원 이상인 집단의 조사 인원이 25,000명이면, 이 집단의 모바일 메신저 활동을 즐기는 사람의 수는?

① 2,860명　　　　　　　　　　② 3,400명

③ 3,650명　　　　　　　　　　④ 3,830명

⑤ 3,870명

가구소득이 600만 원 이상인 집단의 조사 인원이 25,000명이고 모바일 메신저 활동을 즐기는 사람은 14.6%이므로 $25,000 \times 14.6\% = 3,650$(명)이다.

Answer ➡ 27.④　28.③

증여세는 타인으로부터 무상으로 재산을 취득하는 경우, 취득자에게 무상으로 받은 재산가액을 기준으로 하여 부과하는 세금이다. 특히, 증여세 과세대상은 민법상 증여뿐만 아니라 거래의 명칭, 형식, 목적 등에 불구하고 경제적 실질이 무상 이전인 경우 모두 해당된다. 증여세는 증여받은 재산의 가액에서 증여재산 공제를 하고 나머지 금액(과세표준)에 세율을 곱하여 계산한다.

증여재산 − 증여재산공제액 = 과세표준

과세표준 × 세율 = 산출세액

증여가 친족 간에 이루어진 경우 증여받은 재산의 가액에서 다음의 금액을 공제한다.

증여자	공제금액
배우자	6억 원
직계존속	5천만 원
직계비속	5천만 원
기타친족	1천만 원

수증자를 기준으로 당해 증여 전 10년 이내에 공제받은 금액과 해당 증여에서 공제받을 금액의 합계액은 위의 공제금액을 한도로 한다.

또한, 증여받은 재산의 가액은 증여 당시의 시가로 평가되며, 다음의 세율을 적용하여 산출세액을 계산하게 된다.

〈증여세 세율〉

과세표준	세율	누진공제액
1억 원 이하	10%	–
1억 원 초과~5억 원 이하	20%	1천만 원
5억 원 초과~10억 원 이하	30%	6천만 원
10억 원 초과~30억 원 이하	40%	1억 6천만 원
30억 원 초과	50%	4억 6천만 원

※ 증여세 자진신고 시 산출세액의 7% 공제함

29 위의 증여세 관련 자료를 참고할 때, 다음 〈보기〉와 같은 세 가지 경우에 해당하는 증여재산 공제액의 합은 얼마인가?

〈보기〉
• 아버지로부터 여러 번에 걸쳐 1천만 원 이상 재산을 증여받은 경우
• 성인 아들이 아버지와 어머니로부터 각각 1천만 원 이상 재산을 증여받은 경우
• 아버지와 삼촌으로부터 1천만 원 이상 재산을 증여받은 경우

① 5천만 원　　　　　　　　　　② 6천만 원
③ 1억 원　　　　　　　　　　　④ 1억 5천만 원
⑤ 1억 6천만 원

 첫 번째는 직계존속으로부터 증여받은 경우로, 10년 이내의 증여재산가액을 합한 금액에서 5,000만 원만 공제하게 된다.
두 번째 역시 직계존속으로부터 증여받은 경우로, 아버지로부터 증여받은 재산가액과 어머니로부터 증여받은 재산가액의 합계액에서 5,000만 원을 공제하게 된다.
세 번째는 직계존속과 기타친족으로부터 증여받은 경우로, 아버지로부터 증여받은 재산가액에서 5,000만 원을, 삼촌으로부터 증여받은 재산가액에서 1,000만 원을 공제하게 된다.
따라서 세 가지 경우의 증여재산 공제액의 합은 5,000 + 5,000 + 6,000 = 1억 6천만 원이 된다.

30 성년인 김부자 씨는 아버지로부터 1억 7천만 원의 현금을 증여받게 되어, 증여세 납부 고지서를 받기 전 스스로 증여세를 납부하고자 세무사를 찾아 갔다. 세무사가 계산해 준 김부자 씨의 증여세 납부액은 얼마인가?

① 1,400만 원　　　　　　　　　② 1,302만 원
③ 1,280만 원　　　　　　　　　④ 1,255만 원
⑤ 1,205만 원

 주어진 자료를 근거로, 다음과 같은 계산 과정을 거쳐 증여세액이 산출될 수 있다.
• 증여재산 공제 : 5천만 원
• 과세표준 : 1억 7천만 원 − 5천만 원 = 1억 2천만 원
• 산출세액 : 1억 2천만 원 × 20% − 1천만 원 = 1,400만 원
• 납부할 세액 : 1,302만 원(자진신고 시 산출세액의 7% 공제)

Answer → 29.⑤　30.②

05 수열추리

출제방향

　〈수열추리〉 검사는 일정한 규칙으로 나열된 번호들에서 수의 규칙을 찾는 검사이나. 수열추리 문제를 풀기 위해서는 나열된 숫자들에서 숫자가 나열되는 원리를 파악하고 적용하는 능력이 요구된다.

예시문항

Q 아래 보기에서 숫자가 나열된 원리를 파악한 후, □ 안에 들어갈 숫자를 가능한 빠르고 정확하게 고르시오.

> 1, 8, 14, 19, □

① 22　　　　　　　　　② 23

③ 24　　　　　　　　　④ 25

⑤ 27

 계차가 7, 6, 5 순으로 줄어들면서 수가 증가하고 있다. 따라서 □ 안에 들어갈 숫자는 19 + 4 = 23이다.

답 ②

▌1~5▐ 다음에 나열된 숫자의 규칙을 찾아 빈칸에 들어가기 적절한 수를 고르시오.

1

> 66 48 62 50 58 52 54 (   )

① 58   ② 54

③ 52   ④ 50

⑤ 48

 홀수 번째 숫자는 −4의 규칙으로 감소하고 짝수 번째 숫자는 +2의 규칙으로 증가한다.

2

> 8 5 15 12 36 33 (   )

① 84   ② 87

③ 93   ④ 99

⑤ 102

 제시된 수열은 −3과 ×3을 반복 수행한다.

3

> 2 5 7 12 19 31 40 (   )

① 53   ② 59

③ 62   ④ 68

⑤ 71

 제시된 수열은 전전항과 전항의 합이 다음 항이 되는 규칙을 가지고 있다. 그러므로 빈칸에는 31+40=71이 들어간다.

Answer ↱ 1.② 2.④ 3.⑤

4

6 9 14 21 30 41 54 ( )

① 57   ② 64

③ 69   ④ 75

⑤ 81

 주어진 수열은 1부터 제곱한 수에 5를 더한 수의 나열이다. 따라서 빈칸에는 $8^2 + 5 = 69$가 온다.

5

274 287 304 311 316 326 ( )

① 329   ② 332

③ 334   ④ 335

⑤ 337

 주어진 수열은 첫 번째 수부터 각 자릿수를 더한 값은 본래의 수에 더하는 규칙을 가지고 있다. 따라서 빈칸에는 326+3+2+6=337이 온다.

┃6~21┃ 다음 제시된 숫자의 배열을 보고 규칙을 적용하여 빈칸에 들어갈 알맞은 숫자를 고르시오.

6

34 38 46 52 54 58 ( )

① 59   ② 61

③ 64   ④ 66

⑤ 68

 주어진 수열은 전항의 일의 자리 숫자를 전항에 더한 값이 다음 항이 되는 규칙을 가진다. 따라서 빈칸에는 58+8=66이 온다.

7

| 24 32 38 62 74 ( ) |

① 88   ② 92

③ 94   ④ 96

⑤ 102

 주어진 수열은 첫 번째 항부터 일의 자리의 숫자와 십의 자리의 숫자를 곱한 값을 본 항에 더한 값이 다음 항이 되는 규칙을 가지고 있다. 그러므로 빈칸은 74+28=102이다.

8

| 14 17 45 79 169 327 ( ) |

① 665   ② 582

③ 553   ④ 547

⑤ 523

 제시된 수열은 전전항의 수의 두 배 값을 전항에 더한 값이 다음 항의 수가 된다. 14×2+17=45, 17×2+45=79이므로 빈칸에 들어갈 수는 169×2+327=665이다.

9

| 12 24 36 24 17 41 17 29 ( ) |

① 48   ② 46

③ 44   ④ 42

⑤ 38

 제시된 수열은 세 항씩 묶어서 보면 앞의 두 항을 더한 값이 다음 항의 값이 되는 규칙을 가지고 있다.
12+24=36, 24+17=41, 17+29=46

Answer➟ 4.③ 5.⑤ 6.④ 7.⑤ 8.① 9.②

10

| 54 65 47 58 40 51 33 ( ) |

① 42   ② 44

③ 47   ④ 51

⑤ 53

 제시된 수열은 첫 번째, 세 번째, 다섯 번째, …와 두 번째, 네 번째, 여섯 번째 등 두 개의 수열로 나눌 수 있다. 두 수열 모두 전항에서 7씩 감소하는 규칙을 가지고 있으므로 빈칸에 들어갈 수는 51−7=44이다.

11

| 6 30 15 12 60 30 28 140 70 ( ) |

① 69   ② 35

③ 165   ④ 218

⑤ 273

 ×5, ÷2, −3, ×5, ÷2, −2, ×5, ÷2, −1의 규칙이 반복되고 있다.

12

| 20 29 ( ) 44 50 55 59 62 |

① 34   ② 35

③ 36   ④ 37

⑤ 38

 +9, +8, +7, +6으로 숫자의 크기가 하나씩 줄어서 더해지고 있다.

13

| 6 7 9 12 16 21 27 34 ( ) |

① 38   ② 40

③ 42   ④ 44

⑤ 46

Tip +1, +2, +3, +4로 숫자의 크기가 하나씩 커지면서 더해지고 있다.

14

| 2 4 8 ( ) 32 64 128 256 |

① 10   ② 16

③ 22   ④ 26

⑤ 30

Tip ×2의 규칙이 반복되고 있다.

15

| 3 6 18 36 108 216 648 ( ) |

① 1946   ② 1944

③ 1296   ④ 1056

⑤ 912

Tip ×2, ×3의 규칙이 반복되고 있다.

Answer ➔ 10.② 11.① 12.④ 13.③ 14.② 15.③

16

| 10 ( ) 12 17 14 19 16 |

① 11   ② 13

③ 15   ④ 17

⑤ 18

Tip +5, −3의 규칙이 반복되고 있다.

17

| 1 1 4 7 13 22 37 ( ) |

① 60   ② 61

③ 62   ④ 63

⑤ 64

Tip 앞의 두 수를 더한 수에 2를 더하면 그 다음의 수가 된다.

18

| 2 90 4 ( ) 6 70 8 60 10 50 |

① 80   ② 100

③ 40   ④ 110

⑤ 20

Tip 한 칸씩 건너뛰면서 보면 규칙이 보인다. 홀수 번째는 +2, 짝수 번째는 −10의 규칙을 갖는다.

19

| 10 13 22 49 130 ( ) 1102 |

① 364   ② 367

③ 370   ④ 373

⑤ 376

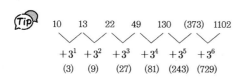

Tip

10   13   22   49   130   (373)   1102

$+3^1$ $+3^2$ $+3^3$ $+3^4$ $+3^5$ $+3^6$

(3)   (9)   (27)   (81)   (243)   (729)

20

| 1 2 6 15 31 56 92 ( ) |

① 140   ② 141

③ 142   ④ 143

⑤ 144

Tip 1^2, 2^2, 3^2, 4^2, 5^2, 6^2, 7^2이 더해지고 있다. 따라서 $92+49=141$이다.

21

$$1 \quad \frac{2}{4} \quad \frac{3}{10} \quad (\quad) \quad \frac{5}{31} \quad \frac{6}{46}$$

① $\dfrac{4}{19}$ ② $\dfrac{4}{20}$

③ $\dfrac{4}{21}$ ④ $\dfrac{4}{22}$

⑤ $\dfrac{4}{23}$

Tip   분자에는 1이 계속 더해지고 있고, 분모에는 3의 배수가 더해지고 있다.

Answer↱   16.③   17.②   18.①   19.④   20.②   21.①

| 22~25 | 다음은 일정한 규칙에 따라 배열된 수이다. (　)안에 알맞은 수를 고르시오.

22

> 8 3 2 　14 4 3 　20 6 3 　(　) 7 4

① 14 　　　　　　　② 24

③ 30 　　　　　　　④ 40

⑤ 44

 규칙성을 찾으면 $8 = (3 \times 2) + 2$, $14 = (4 \times 3) + 2$, $20 = (6 \times 3) + 2$이므로 (　) $= (7 \times 4) + 2$
∴ (　) 안에 들어갈 수는 30이다.

23

> 2 5 10 7 16 　3 2 6 7 12 　5 2 (　) 6 15

① 10 　　　　　　　② 20

③ 30 　　　　　　　④ 40

⑤ 50

 규칙성을 찾으면 2 5 10 7 16에서 첫 번째 수와 두 번째 수를 곱하면 세 번째 수가 나오고 세 번째 수와 네 번째 수를 더한 후 1을 빼면 다섯 번째 수가 된다.
∴ (　) 안에 들어갈 수는 10이다.

24

> 72 3 216 　36 (　) 324 　41 7 287 　56 4 224

① 8 　　　　　　　② 9

③ 10 　　　　　　　④ 11

⑤ 12

 $72 \times 3 = 216$
$36 \times (9) = 324$
$41 \times 7 = 287$
$56 \times 4 = 224$

25

| 21 7 32   18 20 22   (   ) 7 10   17 35 8 |

① 41　　　　　　　　　　　　　② 42

③ 43　　　　　　　　　　　　　④ 44

⑤ 45

 21+7+32=60
18+20+22=60
(43)+7+10=60
17+35+8=60

▌26~30▐ 다음 숫자들의 나열에서 공통점을 찾아 빈칸 물음표에 들어갈 알맞은 숫자를 선택하시오.

26

1	3	6	10	15
3	9	18	30	?

① 42　　　　　　　　　　　　　② 43

③ 44　　　　　　　　　　　　　④ 45

⑤ 46

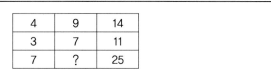 2행의 숫자들은 1행의 숫자들에 3을 곱한 값이다. 따라서 15×3=45이다.

27

4	9	14
3	7	11
7	?	25

① 15　　　　　　　　　　　　　② 16

③ 17　　　　　　　　　　　　　④ 18

⑤ 19

 각 열의 3행 숫자들은 1행의 숫자와 2행의 숫자를 더한 값이다. 따라서 9+7=16이다.

Answer↱ 22.③ 23.① 24.② 25.③ 26.④ 27.②

28

90	45	15	3	3
	2	3	?	1

① 6

② 5

③ 4

④ 3

⑤ 2

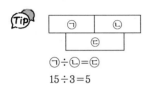

㉠	㉡
	㉢

㉠÷㉡=㉢

15÷3=5

29

10	40	80	20	10
4	2	?	$\frac{1}{2}$	

① $\frac{1}{4}$

② $\frac{1}{6}$

③ $\frac{1}{8}$

④ $\frac{1}{10}$

⑤ $\frac{1}{12}$

㉠	㉢
	㉡

㉢ = ㉠ × ㉡

30

2	6
54	18

7	21
?	63

① 190

② 189

③ 187

④ 186

⑤ 185

㉠	㉡
㉣	㉢

㉠→㉡→㉢→㉣로 가면서 각 수에 3이 곱해진다.

PART

III

인성검사

01 인성검사의 개요

1 인성(성격)검사의 개념과 목적

인성(성격)이란 개인을 특징짓는 평범하고 일상적인 사회적 이미지, 즉 지속적이고 일관된 공적 성격(Public – personality)이며, 환경에 대응함으로써 선천적·후천적 요소의 상호작용으로 결정화된 심리적·사회적 특성 및 경향을 의미한다.

인성검사는 직무적성검사를 실시하는 대부분의 기업체에서 병행하여 실시하고 있으며, 인성검사만 독자적으로 실시하는 기업도 있다.

기업체에서는 인성검사를 통하여 각 개인이 어떠한 성격 특성이 발달되어 있고, 어떤 특성이 얼마나 부족한지, 그것이 해당 직무의 특성 및 조직문화와 얼마나 맞는지를 알아보고 이에 적합한 인재를 선발하고자 한다. 또한 개인에게 적합한 직무 배분과 부족한 부분을 교육을 통해 보완하도록 할 수 있다.

인성검사의 측정요소는 검사방법에 따라 차이가 있다. 또한 각 기업체들이 사용하고 있는 인성검사는 기존에 개발된 인성검사방법에 각 기업체의 인재상을 적용하여 자신들에게 적합하게 재개발하여 사용하는 경우가 많다. 그러므로 기업체에서 요구하는 인재상을 파악하여 그에 따른 대비책을 준비하는 것이 바람직하다. 본서에서 제시된 인성검사는 크게 '특성'과 '유형'의 측면에서 측정하게 된다.

2 성격의 특성

(1) 정서적 측면

정서적 측면은 평소 마음의 당연시하는 자세나 정신상태가 얼마나 안정되어 있는지 또는 불안정한지를 측정한다.

정서의 상태는 직무수행이나 대인관계와 관련하여 태도나 행동으로 드러난다. 그러므로 정서적 측면을 측정하는 것에 의해, 장래 조직 내의 인간관계에 어느 정도 잘 적응할 수 있을까(또는 적응하지 못할까)를 예측하는 것이 가능하다.

그렇기 때문에, 정서적 측면의 결과는 채용 시에 상당히 중시된다. 아무리 능력이 좋아도 장기적으로 조직 내의 인간관계에 잘 적응할 수 없다고 판단되는 인재는 기본적으로는 채용되지 않는다.

일반적으로 인성(성격)검사는 채용과는 관계없다고 생각하나 정서적으로 조직에 적응하지 못하는 인재는 채용단계에서 가려내지는 것을 유의하여야 한다.

① 민감성(신경도) … 꼼꼼함, 섬세함, 성실함 등의 요소를 통해 일반적으로 신경질적인지 또는 자신의 존재를 위협받는다는 불안을 갖기 쉬운지를 측정한다.

질문	전혀 그렇지 않다	그렇지 않다	그렇다	매우 그렇다
• 배려적이라고 생각한다. • 어지러진 방에 있으면 불안하다. • 실패 후에는 불안하다. • 세세한 것까지 신경쓴다. • 이유 없이 불안할 때가 있다.				

▶측정결과
㉠ '그렇다'가 많은 경우(상처받기 쉬운 유형) : 사소한 일에 신경 쓰고 다른 사람의 사소한 한마디 말에 상처를 받기 쉽다.
• 면접관의 심리 : '동료들과 잘 지낼 수 있을까?', '실패할 때마다 위축되지 않을까?'
• 면접대책 : 다소 신경질적이라도 능력을 발휘할 수 있다는 평가를 얻도록 한다. 주변과 충분한 의사소통이 가능하고, 결정한 것을 실행할 수 있다는 것을 보여주어야 한다.
㉡ '그렇지 않다'가 많은 경우(정신적으로 안정적인 유형) : 사소한 일에 신경 쓰지 않고 금방 해결하며, 주위 사람의 말에 과민하게 반응하지 않는다.
• 면접관의 심리 : '계약할 때 필요한 유형이고, 사고 발생에도 유연하게 대처할 수 있다.'
• 면접대책 : 일반적으로 '민감성'의 측정치가 낮으면 플러스 평가를 받으므로 더욱 자신감 있는 모습을 보여준다.

② **자책성**(과민도) … 자신을 비난하거나 책망하는 정도를 측정한다.

질문	전혀 그렇지 않다	그렇지 않다	그렇다	매우 그렇다
• 후회하는 일이 많다. • 자신이 하찮은 존재라 생각된다. • 문제가 발생하면 자기의 탓이라고 생각한다. • 무슨 일이든지 끙끙대며 진행하는 경향이 있다. • 온순한 편이다.				

▶측정결과

㉠ '그렇다'가 많은 경우(자책하는 유형) : 비관적이고 후회하는 유형이다.
 • 면접관의 심리 : '끙끙대며 괴로워하고, 일을 진행하지 못할 것 같다.'
 • 면접대책 : 기분이 저조해도 항상 의욕을 가지고 생활하는 것과 책임감이 강하다는 것을 보여준다.
㉡ '그렇지 않다'가 많은 경우(낙천적인 유형) : 기분이 항상 밝은 편이다.
 • 면접관의 심리 : '안정된 대인관계를 맺을 수 있고, 외부의 압력에도 흔들리지 않는다.'
 • 면접대책 : 일반적으로 '자책성'의 측정치가 낮아야 좋은 평가를 받는다.

③ **기분성**(불안도) … 기분의 굴곡이나 감정적인 면의 미숙함이 어느 정도인지를 측정하는 것이다.

질문	전혀 그렇지 않다	그렇지 않다	그렇다	매우 그렇다
• 다른 사람의 의견에 자신의 결정이 흔들리는 경우가 많다. • 기분이 쉽게 변한다. • 종종 후회한다. • 다른 사람보다 의지가 약한 편이라고 생각한다. • 금방 싫증을 내는 성격이라는 말을 자주 듣는다.				

▶측정결과

㉠ '그렇다'가 많은 경우(감정의 기복이 많은 유형) : 의지력보다 기분에 따라 행동하기 쉽다.
 • 면접관의 심리 : '감정적인 것에 약하며, 상황에 따라 생산성이 떨어지지 않을까?'
 • 면접대책 : 주변 사람들과 항상 협조한다는 것을 강조하고 한결같은 상태로 일할 수 있다는 평가를 받도록 한다.
㉡ '그렇지 않다'가 많은 경우(감정의 기복이 적은 유형) : 감정의 기복이 없고, 안정적이다.
 • 면접관의 심리 : '안정적으로 업무에 임할 수 있다.'
 • 면접대책 : 기분성의 측정치가 낮으면 플러스 평가를 받으므로 자신감을 가지고 면접에 임한다.

④ **독자성(개인도)** … 주변에 대한 견해나 관심, 자신의 견해나 생각에 어느 정도의 속박감을 가지고 있는지를 측정한다.

질문	전혀 그렇지 않다	그렇지 않다	그렇다	매우 그렇다
• 창의적 사고방식을 가지고 있다. • 융통성이 있는 편이다. • 혼자 있는 편이 많은 사람과 있는 것보다 편하다. • 개성적이라는 말을 듣는다. • 교제는 번거로운 것이라고 생각하는 경우가 많다.				

▶측정결과

㉠ '그렇다'가 많은 경우 : 자기의 관점을 중요하게 생각하는 유형으로, 주위의 상황보다 자신의 느낌과 생각을 중시한다.
　• 면접관의 심리 : '제멋대로 행동하지 않을까?'
　• 면접대책 : 주위 사람과 협조하여 일을 진행할 수 있다는 것과 상식에 얽매이지 않는다는 인상을 심어준다.

㉡ '그렇지 않다'가 많은 경우 : 상식적으로 행동하고 주변 사람의 시선에 신경을 쓴다.
　• 면접관의 심리 : '다른 직원들과 협조하여 업무를 진행할 수 있겠다.'
　• 면접대책 : 협조성이 요구되는 기업체에서는 플러스 평가를 받을 수 있다.

⑤ **자신감(자존심도)** … 자기 자신에 대해 얼마나 긍정적으로 평가하는지를 측정한다.

질문	전혀 그렇지 않다	그렇지 않다	그렇다	매우 그렇다
• 다른 사람보다 능력이 뛰어나다고 생각한다. • 다소 반대의견이 있어도 나만의 생각으로 행동할 수 있다. • 나는 다른 사람보다 기가 센 편이다. • 동료가 나를 모욕해도 무시할 수 있다. • 대개의 일을 목적한 대로 헤쳐나갈 수 있다고 생각한다.				

▶측정결과

㉠ '그렇다'가 많은 경우 : 자기 능력이나 외모 등에 자신감이 있고, 비판당하는 것을 좋아하지 않는다.
 • 면접관의 심리 : '자만하여 지시에 잘 따를 수 있을까?'
 • 면접대책 : 다른 사람의 조언을 잘 받아들이고, 겸허하게 반성하는 면이 있다는 것을 보여주고, 동료들과 잘 지내며 리더의 자질이 있다는 것을 강조한다.

㉡ '그렇지 않다'가 많은 경우 : 자신감이 없고 다른 사람의 비판에 약하다.
 • 면접관의 심리 : '패기가 부족하지 않을까?', '쉽게 좌절하지 않을까?'
 • 면접대책 : 극도의 자신감 부족으로 평가되지는 않는다. 그러나 마음이 약한 면은 있지만 의욕적으로 일을 하겠다는 마음가짐을 보여준다.

⑥ **고양성(분위기에 들뜨는 정도)** … 자유분방함, 명랑함과 같이 감정(기분)의 높고 낮음의 정도를 측정한다.

질문	전혀 그렇지 않다	그렇지 않다	그렇다	매우 그렇다
• 침착하지 못한 편이다. • 다른 사람보다 쉽게 우쭐해진다. • 모든 사람이 아는 유명인사가 되고 싶다. • 모임이나 집단에서 분위기를 이끄는 편이다. • 취미 등이 오랫동안 지속되지 않는 편이다.				

▶측정결과

㉠ '그렇다'가 많은 경우 : 자극이나 변화가 있는 일상을 원하고 기분을 들뜨게 하는 사람과 친밀하게 지내는 경향이 강하다.

• 면접관의 심리 : '일을 진행하는 데 변덕스럽지 않을까?'

• 면접대책 : 밝은 태도는 플러스 평가를 받을 수 있지만, 착실한 업무능력이 요구되는 직종에서는 마이너스 평가가 될 수 있다. 따라서 자기조절이 가능하다는 것을 보여준다.

㉡ '그렇지 않다'가 많은 경우 : 감정이 항상 일정하고, 속을 드러내 보이지 않는다.

• 면접관의 심리 : '안정적인 업무 태도를 기대할 수 있겠다.'

• 면접대책 : '고양성'의 낮음은 대체로 플러스 평가를 받을 수 있다. 그러나 '무엇을 생각하고 있는지 모르겠다' 등의 평을 듣지 않도록 주의한다.

⑦ 허위성(진위성) … 필요 이상으로 자기를 좋게 보이려 하거나 기업체가 원하는 '이상형'에 맞춘 대답을 하고 있는지, 없는지를 측정한다.

질문	전혀 그렇지 않다	그렇지 않다	그렇다	매우 그렇다
• 약속을 깨뜨린 적이 한 번도 없다. • 다른 사람을 부럽다고 생각해 본 적이 없다. • 꾸지람을 들은 적이 없다. • 사람을 미워한 적이 없다. • 화를 낸 적이 한 번도 없다.				

▶측정결과

㉠ '그렇다'가 많은 경우 : 실제의 자기와는 다른, 말하자면 원칙으로 해답할 가능성이 있다.

• 면접관의 심리 : '거짓을 말하고 있다.'

• 면접대책 : 조금이라도 좋게 보이려고 하는 '거짓말쟁이'로 평가될 수 있다. '거짓을 말하고 있다.'는 마음 따위가 전혀 없다 해도 결과적으로는 정직하게 답하지 않는다는 것이 되어 버린다. '허위성' 의 측정 질문은 구분되지 않고 다른 질문 중에 섞여 있다. 그러므로 모든 질문에 솔직하게 답하여야 한다. 또한 자기 자신과 너무 동떨어진 이미지로 답하면 좋은 결과를 얻지 못한다. 그리고 면접에서 '허위성'을 기본으로 한 질문을 받게 되므로 당황하거나 또다른 모순된 답변을 하게 된다. 겉치레를 하거나 무리한 욕심을 부리지 말고 '이런 사회인이 되고 싶다.'는 현재의 자신보다, 조금 성장한 자신을 표현하는 정도가 적당하다.

㉡ '그렇지 않다'가 많은 경우 : 냉정하고 정직하며, 외부의 압력과 스트레스에 강한 유형이다. '대쪽 같음'의 이미지가 굳어지지 않도록 주의한다.

(2) 행동적인 측면

행동적 측면은 인격 중에 특히 행동으로 드러나기 쉬운 측면을 측정한다. 사람의 행동 특징 자체에는 선도 악도 없으나, 일반적으로는 일의 내용에 의해 원하는 행동이 있다. 때문에 행동적 측면은 주로 직종과 깊은 관계가 있는데 자신의 행동 특성을 살려 적합한 직종을 선택한 다면 플러스가 될 수 있다.

행동 특성에서 보여 지는 특징은 면접장면에서도 드러나기 쉬운데 본서의 모의 TEST의 결과를 참고하여 자신의 태도, 행동이 면접관의 시선에 어떻게 비치는지를 점검하도록 한다.

① **사회적 내향성** … 대인관계에서 나타나는 행동경향으로 '낯가림'을 측정한다.

질문	선택
A : 파티에서는 사람을 소개받은 편이다. B : 파티에서는 사람을 소개하는 편이다.	
A : 처음 보는 사람과는 어색하게 시간을 보내는 편이다. B : 처음 보는 사람과는 즐거운 시간을 보내는 편이다.	
A : 친구가 적은 편이다. B : 친구가 많은 편이다.	
A : 자신의 의견을 말하는 경우가 적다. B : 자신의 의견을 말하는 경우가 많다.	
A : 사교적인 모임에 참석하는 것을 좋아하지 않는다. B : 사교적인 모임에 항상 참석한다.	

▶측정결과

㉠ 'A'가 많은 경우 : 내성적이고 사람들과 접하는 것에 소극적이다. 자신의 의견을 말하지 않고 조심스러운 편이다.
  • 면접관의 심리 : '소극적인데 동료와 잘 지낼 수 있을까?'
  • 면접대책 : 대인관계를 맺는 것을 싫어하지 않고 의욕적으로 일을 할 수 있다는 것을 보여준다.
㉡ 'B'가 많은 경우 : 사교적이고 자기의 생각을 명확하게 전달할 수 있다.
  • 면접관의 심리 : '사교적이고 활동적인 것은 좋지만, 자기주장이 너무 강하지 않을까?'
  • 면접대책 : 협조성을 보여주고, 자기주장이 너무 강하다는 인상을 주지 않도록 주의한다.

② 내성성(침착도) … 자신의 행동과 일에 대해 침착하게 생각하는 정도를 측정한다.

질문	선택
A : 시간이 걸려도 침착하게 생각하는 경우가 많다. B : 짧은 시간에 결정을 하는 경우가 많다.	
A : 실패의 원인을 찾고 반성하는 편이다. B : 실패를 해도 그다지(별로) 개의치 않는다.	
A : 결론이 도출되어도 몇 번 정도 생각을 바꾼다. B : 결론이 도출되면 신속하게 행동으로 옮긴다.	
A : 여러 가지 생각하는 것이 능숙하다. B : 여러 가지 일을 재빨리 능숙하게 처리하는 데 익숙하다.	
A : 여러 가지 측면에서 사물을 검토한다. B : 행동한 후 생각을 한다.	

▶측정결과

㉠ 'A'가 많은 경우 : 행동하기 보다는 생각하는 것을 좋아하고 신중하게 계획을 세워 실행한다.

• 면접관의 심리 : '행동으로 실천하지 못하고, 대응이 늦은 경향이 있지 않을까?'

• 면접대책 : 발로 뛰는 것을 좋아하고, 일을 더디게 한다는 인상을 주지 않도록 한다.

㉡ 'B'가 많은 경우 : 차분하게 생각하는 것보다 우선 행동하는 유형이다.

• 면접관의 심리 : '생각하는 것을 싫어하고 경솔한 행동을 하지 않을까?'

• 면접대책 : 계획을 세우고 행동할 수 있는 것을 보여주고 '사려깊다'라는 인상을 남기도록 한다.

③ 신체활동성 … 몸을 움직이는 것을 좋아하는가를 측정한다.

질문	선택
A : 민첩하게 활동하는 편이다. B : 준비행동이 없는 편이다.	
A : 일을 척척 해치우는 편이다. B : 일을 더디게 처리하는 편이다.	
A : 활발하다는 말을 듣는다. B : 얌전하다는 말을 듣는다.	
A : 몸을 움직이는 것을 좋아한다. B : 가만히 있는 것을 좋아한다.	
A : 스포츠를 하는 것을 즐긴다. B : 스포츠를 보는 것을 좋아한다.	

▶측정결과

㉠ 'A'가 많은 경우 : 활동적이고, 몸을 움직이게 하는 것이 컨디션이 좋다.
• 면접관의 심리 : '활동적으로 활동력이 좋아 보인다.'
• 면접대책 : 활동하고 얻은 성과 등과 주어진 상황의 대응능력을 보여준다.
㉡ 'B'가 많은 경우 : 침착한 인상으로, 차분하게 있는 타입이다.
• 면접관의 심리 : '좀처럼 행동하려 하지 않아 보이고, 일을 빠르게 처리할 수 있을까?'

④ 지속성(노력성) … 무슨 일이든 포기하지 않고 끈기 있게 하려는 정도를 측정한다.

질문	선택
A : 일단 시작한 일은 시간이 걸려도 끝까지 마무리한다. B : 일을 하다 어려움에 부딪히면 단념한다.	
A : 끈질긴 편이다. B : 바로 단념하는 편이다.	
A : 인내가 강하다는 말을 듣는다. B : 금방 싫증을 낸다는 말을 듣는다.	
A : 집념이 깊은 편이다. B : 담백한 편이다.	
A : 한 가지 일에 구애되는 것이 좋다고 생각한다. B : 간단하게 체념하는 것이 좋다고 생각한다.	

▶측정결과

㉠ 'A'가 많은 경우 : 시작한 것은 어려움이 있어도 포기하지 않고 인내심이 높다.
 • 면접관의 심리 : '한 가지의 일에 너무 구애되고, 업무의 진행이 원활할까?'
 • 면접대책 : 인내력이 있는 것은 플러스 평가를 받을 수 있지만 집착이 강해 보이기도 한다.
㉡ 'B'가 많은 경우 : 뒤끝이 없고 조그만 실패로 일을 포기하기 쉽다.
 • 면접관의 심리 : '질리는 경향이 있고, 일을 정확히 끝낼 수 있을까?'
 • 면접대책 : 지속적인 노력으로 성공했던 사례를 준비하도록 한다.

⑤ 신중성(주의성) … 자신이 처한 주변상황을 즉시 파악하고 자신의 행동이 어떤 영향을 미치는지를 측정한다.

질문	선택
A : 여러 가지로 생각하면서 완벽하게 준비하는 편이다. B : 행동할 때부터 임기응변적인 대응을 하는 편이다.	
A : 신중해서 타이밍을 놓치는 편이다. B : 준비 부족으로 실패하는 편이다.	
A : 자신은 어떤 일에도 신중히 대응하는 편이다. B : 순간적인 충동으로 활동하는 편이다.	
A : 시험을 볼 때 끝날 때까지 재검토하는 편이다. B : 시험을 볼 때 한 번에 모든 것을 마치는 편이다.	
A : 일에 대해 계획표를 만들어 실행한다. B : 일에 대한 계획표 없이 진행한다.	

▶측정결과

㉠ 'A'가 많은 경우 : 주변 상황에 민감하고, 예측하여 계획 있게 일을 진행한다.
 • 면접관의 심리 : '너무 신중해서 적절한 판단을 할 수 있을까?', '앞으로의 상황에 불안을 느끼지 않을까?'
 • 면접대책 : 예측을 하고 실행을 하는 것은 플러스 평가가 되지만, 너무 신중하면 일의 진행이 정체될 가능성을 보이므로 추진력이 있다는 강한 의욕을 보여준다.
㉡ 'B'가 많은 경우 : 주변 상황을 살펴보지 않고 착실한 계획 없이 일을 진행시킨다.
 • 면접관의 심리 : '사려 깊지 않고, 실패하는 일이 많지 않을까?', '판단이 빠르고 유연한 사고를 할 수 있을까?'
 • 면접대책 : 사전준비를 중요하게 생각하고 있다는 것 등을 보여주고, 경솔한 인상을 주지 않도록 한다. 또한 판단력이 빠르거나 유연한 사고 덕분에 일 처리를 잘 할 수 있다는 것을 강조한다.

(3) 의욕적인 측면

의욕적인 측면은 의욕의 정도, 활동력의 유무 등을 측정한다. 여기서의 의욕이란 우리들이 보통 말하고 사용하는 '하려는 의지'와는 조금 뉘앙스가 다르다. '하려는 의지'란 그 때의 환경이나 기분에 따라 변화하는 것이지만, 여기에서는 조금 더 변화하기 어려운 특징, 말하자면 정신적 에너지의 양으로 측정하는 것이다.

의욕적 측면은 행동적 측면과는 다르고, 전반적으로 어느 정도 점수가 높은 쪽을 선호한다. 모의검사의 의욕적 측면의 결과가 낮다면, 평소 일에 몰두할 때 조금 의욕 있는 자세를 가지고 서서히 개선하도록 노력해야 한다.

① 달성의욕 … 목적의식을 가지고 높은 이상을 가지고 있는지를 측정한다.

질문	선택
A : 경쟁심이 강한 편이다. B : 경쟁심이 약한 편이다.	
A : 어떤 한 분야에서 제1인자가 되고 싶다고 생각한다. B : 어느 분야에서든 성실하게 임무를 진행하고 싶다고 생각한다.	
A : 규모가 큰 일을 해보고 싶다. B : 맡은 일에 충실히 임하고 싶다.	
A : 아무리 노력해도 실패한 것은 아무런 도움이 되지 않는다. B : 가령 실패했을 지라도 나름대로의 노력이 있었으므로 괜찮다.	
A : 높은 목표를 설정하여 수행하는 것이 의욕적이다. B : 실현 가능한 정도의 목표를 설정하는 것이 의욕적이다.	

▶측정결과

㉠ 'A'가 많은 경우 : 큰 목표와 높은 이상을 가지고 승부욕이 강한 편이다.
  • 면접관의 심리 : '열심히 일을 해줄 것 같은 유형이다.'
  • 면접대책 : 달성의욕이 높다는 것은 어떤 직종이라도 플러스 평가가 된다.
㉡ 'B'가 많은 경우 : 현재의 생활을 소중하게 여기고 비약적인 발전을 위하여 기를 쓰지 않는다.
  • 면접관의 심리 : '외부의 압력에 약하고, 기획입안 등을 하기 어려울 것이다.'
  • 면접대책 : 일을 통하여 하고 싶은 것들을 구체적으로 어필한다.

② **활동의욕** … 자신에게 잠재된 에너지의 크기로, 정신적인 측면의 활동력이라 할 수 있다.

질문	선택
A : 하고 싶은 일을 실행으로 옮기는 편이다. B : 하고 싶은 일을 좀처럼 실행할 수 없는 편이다.	
A : 어려운 문제를 해결해 가는 것이 좋다. B : 어려운 문제를 해결하는 것을 잘하지 못한다.	
A : 일반적으로 결단이 빠른 편이다. B : 일반적으로 결단이 느린 편이다.	
A : 곤란한 상황에도 도전하는 편이다. B : 사물의 본질을 깊게 관찰하는 편이다.	
A : 시원시원하다는 말을 잘 듣는다. B : 꼼꼼하다는 말을 잘 듣는다.	

▶측정결과

㉠ 'A'가 많은 경우 : 꾸물거리는 것을 싫어하고 재빠르게 결단해서 행동하는 타입이다.
- 면접관의 심리 : '일을 처리하는 솜씨가 좋고, 일을 척척 진행할 수 있을 것 같다.'
- 면접대책 : 활동의욕이 높은 것은 플러스 평가가 된다. 사교성이나 활동성이 강하다는 인상을 준다.

㉡ 'B'가 많은 경우 : 안전하고 확실한 방법을 모색하고 차분하게 시간을 아껴서 일에 임하는 타입이다.
- 면접관의 심리 : '재빨리 행동을 못하고, 일의 처리속도가 느린 것이 아닐까?'
- 면접대책 : 활동성이 있는 것을 좋아하고 움직임이 더디다는 인상을 주지 않도록 한다.

3 성격의 유형

(1) 인성검사유형의 4가지 척도

정서적인 측면, 행동적인 측면, 의욕적인 측면의 요소들은 성격 특성이라는 관점에서 제시된 것들로 각 개인의 장·단점을 파악하는 데 유용하다. 그러나 전체적인 개인의 인성을 이해하는 데는 한계가 있다.

성격의 유형은 개인의 '성격적인 특색'을 가리키는 것으로, 사회인으로서 적합한지, 아닌지를 말하는 관점과는 관계가 없다. 따라서 채용의 합격 여부에는 사용되지 않는 경우가 많으며, 입사 후의 적정 부서 배치의 자료가 되는 편이라 생각하면 된다. 그러나 채용과 관계가 없다고 해서 아무런 준비도 필요없는 것은 아니다. 자신을 아는 것은 면접 대책의 밑거름이 되므로 모의검사 결과를 충분히 활용하도록 하여야 한다.

본서에서는 4개의 척도를 사용하여 기본적으로 16개의 패턴으로 성격의 유형을 분류하고 있다. 각 개인의 성격이 어떤 유형인지 재빨리 파악하기 위해 사용되며, '적성'에 맞는지, 맞지 않는지의 관점에 활용된다.

- 흥미 · 관심의 방향 : 내향형 ←——————→ 외향형
- 사물에 대한 견해 : 직관형 ←——————→ 감각형
- 판단하는 방법 : 감정형 ←——————→ 사고형
- 환경에 대한 접근방법 : 지각형 ←——————→ 판단형

(2) 성격유형

① 흥미 · 관심의 방향(내향⇆외향) … 흥미 · 관심의 방향이 자신의 내면에 있는지, 주위환경 등 외면에 향하는 지를 가리키는 척도이다.

질문	선택
A : 내성적인 성격인 편이다. B : 개방적인 성격인 편이다.	
A : 항상 신중하게 생각을 하는 편이다. B : 바로 행동에 착수하는 편이다.	
A : 수수하고 조심스러운 편이다. B : 자기 표현력이 강한 편이다.	
A : 다른 사람과 함께 있으면 침착하지 않다. B : 혼자서 있으면 침착하지 않다.	

▶측정결과
㉠ 'A'가 많은 경우(내향) : 관심의 방향이 자기 내면에 있으며, 조용하고 낯을 가리는 유형이다. 행동력은 부족하나 집중력이 뛰어나고 신중하고 꼼꼼하다.
㉡ 'B'가 많은 경우(외향) : 관심의 방향이 외부환경에 있으며, 사교적이고 활동적인 유형이다. 꼼꼼함이 부족하여 대충하는 경향이 있으나 행동력이 있다.

② 일(사물)을 보는 방법(직감⇆감각) … 일(사물)을 보는 법이 직감적으로 형식에 얽매이는지, 감각적으로 상식적인지를 가리키는 척도이다.

질문	선택
A : 현실주의적인 편이다. B : 상상력이 풍부한 편이다.	
A : 정형적인 방법으로 일을 처리하는 것을 좋아한다. B : 만들어진 방법에 변화가 있는 것을 좋아한다.	
A : 경험에서 가장 적합한 방법으로 선택한다. B : 지금까지 없었던 새로운 방법을 개척하는 것을 좋아한다.	
A : 성실하다는 말을 듣는다. B : 호기심이 강하다는 말을 듣는다.	

▶측정결과
㉠ 'A'가 많은 경우(감각) : 현실적이고 경험주의적이며 보수적인 유형이다.
㉡ 'B'가 많은 경우(직관) : 새로운 주제를 좋아하며, 독자적인 시각을 가진 유형이다.

③ 판단하는 방법(감정⇆사고) … 일을 감정적으로 판단하는지, 논리적으로 판단하는지를 가리키는 척도이다.

질문	선택
A : 인간관계를 중시하는 편이다. B : 일의 내용을 중시하는 편이다.	
A : 결론을 자기의 신념과 감정에서 이끌어내는 편이다. B : 결론을 논리적 사고에 의거하여 내리는 편이다.	
A : 다른 사람보다 동정적이고 눈물이 많은 편이다. B : 다른 사람보다 이성적이고 냉정하게 대응하는 편이다.	
A : 남의 이야기를 듣고 감정몰입이 빠른 편이다. B : 고민 상담을 받으면 해결책을 제시해주는 편이다.	

▶측정결과
㉠ 'A'가 많은 경우(감정) : 일을 판단할 때 마음·감정을 중요하게 여기는 유형이다. 감정이 풍부하고 친절하나 엄격함이 부족하고 우유부단하며, 합리성이 부족하다.
㉡ 'B'가 많은 경우(사고) : 일을 판단할 때 논리성을 중요하게 여기는 유형이다. 이성적이고 합리적이나 타인에 대한 배려가 부족하다.

④ 환경에 대한 접근방법 … 주변상황에 어떻게 접근하는지, 그 판단기준을 어디에 두는지를 측정한다.

질문	선택
A : 사전에 계획을 세우지 않고 행동한다. B : 반드시 계획을 세우고 그것에 의거해서 행동한다. A : 자유롭게 행동하는 것을 좋아한다. B : 조직적으로 행동하는 것을 좋아한다. A : 조직성이나 관습에 속박당하지 않는다. B : 조직성이나 관습을 중요하게 여긴다. A : 계획 없이 낭비가 심한 편이다. B : 예산을 세워 물건을 구입하는 편이다.	

▶측정결과

㉠ 'A'가 많은 경우(지각) : 일의 변화에 융통성을 가지고 유연하게 대응하는 유형이다. 낙관적이며 질서보다는 자유를 좋아하나 임기응변식의 대응으로 무계획적인 인상을 줄 수 있다.

㉡ 'B'가 많은 경우(판단) : 일의 진행시 계획을 세워서 실행하는 유형이다. 순차적으로 진행하는 일을 좋아하고 끈기가 있으나 변화에 대해 적절하게 대응하지 못하는 경향이 있다.

(1) 미리 알아두어야 할 점

① **출제 문항 수** … 인성검사의 출제 문항 수는 특별히 정해진 것이 아니며 각 기업체의 기준에 따라 달라질 수 있다. 보통 100문항 이상에서 500문항까지 출제된다고 예상하면 된다.

② **출제형식**

　㉠ 1Set로 묶인 세 개의 문항 중 자신에게 가장 가까운 것(Most)과 가장 먼 것(Least)을 하나씩 고르는 유형

다음 세 가지 문항 중 자신에게 가장 가까운 것은 Most, 가장 먼 것은 Least에 체크하시오.

질문	Most	Least
① 자신의 생각이나 의견은 좀처럼 변하지 않는다.	✔	
② 구입한 후 끝까지 읽지 않은 책이 많다.		✔
③ 여행가기 전에 계획을 세운다.		

　㉡ '예' 아니면 '아니오'의 유형

다음 문항을 읽고 자신에게 해당되는지 안 되는지를 판단하여 해당될 경우 '예'를, 해당되지 않을 경우 '아니오'를 고르시오.

질문	예	아니오
① 걱정거리가 있어서 잠을 못 잘 때가 있다.	✔	
② 시간에 쫓기는 것이 싫다.		✔

　㉢ 그 외의 유형

다음 문항에 대해서 평소에 자신이 생각하고 있는 것이나 행동하고 있는 것에 체크하시오.

질문	전혀 그렇지 않다	그렇지 않다	그렇다	매우 그렇다
① 머리를 쓰는 것보다 땀을 흘리는 일이 좋다.			✔	
② 자신은 사교적이 아니라고 생각한다.	✔			

(2) 임하는 자세

① 솔직하게 있는 그대로 표현한다 … 인성검사는 평범한 일상생활 내용들을 다룬 짧은 문장과 어떤 대상이나 일에 대한 선로를 선택하는 문장으로 구성되었으므로 평소에 자신이 생각한 바를 너무 골똘히 생각하지 말고 문제를 보는 순간 떠오른 것을 표현한다.

② 모든 문제를 신속하게 대답한다 … 인성검사는 시간 제한이 없는 것이 원칙이지만 기업체들은 일정한 시간 제한을 두고 있다. 인성검사는 개인의 성격과 자질을 알아보기 위한 검사이기 때문에 정답이 없다. 다만, 기업체에서 바람직하게 생각하거나 기대되는 결과가 있을 뿐이다. 따라서 시간에 쫓겨서 대충 대답을 하는 것은 바람직하지 못하다.

③ 일관성 있게 대답한다 … 간혹 반복되는 문제들이 출제되기 때문에 일관성 있게 답하지 않으면 감점될 수 있으므로 유의한다. 실제로 공기업 인사부 직원의 인터뷰에 따르면 일관성이 없게 대답한 응시자들이 감점을 받아 탈락했다고 한다. 거짓된 응답을 하다보면 일관성 없는 결과가 나타날 수 있으므로, 위에서 언급한 대로 신속하고 솔직하게 답해 일관성 있는 응답을 하는 것이 중요하다.

④ 마지막까지 집중해서 검사에 임한다 … 장시간 진행되는 검사에 지치지 않고 마지막까지 집중해서 정확히 답할 수 있도록 해야 한다.

02 실전 인성검사

┃1~210┃ 다음 ( ) 안에 당신에게 적합하다면 YES, 그렇지 않다면 NO를 선택하시오(인성검사는 응시자의 인성을 파악하기 위한 자료이므로 정답이 존재하지 않습니다).

YES NO

1. 조금이라도 나쁜 소식은 절망의 시작이라고 생각해버린다. ···································( )( )

2. 언제나 실패가 걱정이 되어 어쩔 줄 모른다. ·····································( )( )

3. 다수결의 의견에 따르는 편이다. ···( )( )

4. 혼자서 식당에 들어가는 것은 전혀 두려운 일이 아니다. ·······················( )( )

5. 승부근성이 강하다. ··( )( )

6. 자주 흥분해서 침착하지 못하다. ···( )( )

7. 지금까지 살면서 타인에게 폐를 끼친 적이 없다. ·····························( )( )

8. 소곤소곤 이야기하는 것을 보면 자기에 대해 험담하고 있는 것으로 생각된다. ··( )( )

9. 무엇이든지 자기가 나쁘다고 생각하는 편이다. ·······························( )( )

10. 자신을 변덕스러운 사람이라고 생각한다. ·····································( )( )

11. 고독을 즐기는 편이다. ··( )( )

12. 자존심이 강하다고 생각한다. ··( )( )

13. 금방 흥분하는 성격이다. ··( )( )

14. 거짓말을 한 적이 없다. ···( )( )

15. 신경질적인 편이다. ···( )( )

16. 끙끙대며 고민하는 타입이다. ··( )( )

17. 감정적인 사람이라고 생각한다. ···( )( )

18. 자신만의 신념을 가지고 있다. ···( )( )

19. 다른 사람을 바보 같다고 생각한 적이 있다. ·································( )( )

20. 금방 말해버리는 편이다. ···( )( )

21. 싫어하는 사람이 없다. ··( )( )

22. 대재앙이 오지 않을까 항상 걱정을 한다. ························( )( )

23. 쓸데없는 고생을 하는 일이 많다. ·································( )( )

24. 자주 생각이 바뀌는 편이다. ···( )( )

25. 문제점을 해결하기 위해 여러 사람과 상의한다. ·············( )( )

26. 내 방식대로 일을 한다. ···( )( )

27. 영화를 보고 운 적이 많다. ···( )( )

28. 어떤 것에 대해서도 화낸 적이 없다. ···························( )( )

29. 사소한 충고에도 걱정을 한다. ·····································( )( )

30. 자신은 도움이 안되는 사람이라고 생각한다. ················( )( )

31. 금방 싫증을 내는 편이다. ···( )( )

32. 개성적인 사람이라고 생각한다. ···································( )( )

33. 자기 주장이 강한 편이다. ···( )( )

34. 뒤숭숭하다는 말을 들은 적이 있다. ·····························( )( )

35. 학교를 쉬고 싶다고 생각한 적이 한 번도 없다. ············( )( )

36. 사람들과 관계맺는 것을 보면 잘하지 못한다. ···············( )( )

37. 사려깊은 편이다. ···( )( )

38. 몸을 움직이는 것을 좋아한다. ·····································( )( )

39. 끈기가 있는 편이다. ···( )( )

40. 신중한 편이라고 생각한다. ···( )( )

41. 인생의 목표는 큰 것이 좋다. ·······································( )( )

42. 어떤 일이라도 바로 시작하는 타입이다. ······················( )( )

43. 낯가림을 하는 편이다. ···( )( )

44. 생각하고 나서 행동하는 편이다. ··································( )( )

45. 쉬는 날은 밖으로 나가는 경우가 많다. ·······················( )( )

YES NO

46. 시작한 일은 반드시 완성시킨다. ···( )( )

47. 면밀한 계획을 세운 여행을 좋아한다. ···( )( )

48. 야망이 있는 편이라고 생각한다. ···( )( )

49. 활동력이 있는 편이다. ···( )( )

50. 많은 사람들과 왁자지껄하게 식사하는 것을 좋아하지 않는다. ·········( )( )

51. 돈을 허비한 적이 없다. ···( )( )

52. 운동회를 아주 좋아하고 기대했다. ···( )( )

53. 하나의 취미에 열중하는 타입이다. ···( )( )

54. 모임에서 회장에 어울린다고 생각한다. ···( )( )

55. 입신출세의 성공이야기를 좋아한다. ···( )( )

56. 어떠한 일도 의욕을 가지고 임하는 편이다. ···································( )( )

57. 학급에서는 존재가 희미했다. ···( )( )

58. 항상 무언가를 생각하고 있다. ···( )( )

59. 스포츠는 보는 것보다 하는 게 좋다. ···( )( )

60. '참 잘했네요'라는 말을 듣는다. ···( )( )

61. 흐린 날은 반드시 우산을 가지고 간다. ···( )( )

62. 주연상을 받을 수 있는 배우를 좋아한다. ·······································( )( )

63. 공격하는 타입이라고 생각한다. ···( )( )

64. 리드를 받는 편이다. ···( )( )

65. 너무 신중해서 기회를 놓친 적이 있다. ···( )( )

66. 시원시원하게 움직이는 타입이다. ···( )( )

67. 야근을 해서라도 업무를 끝낸다. ···( )( )

68. 누군가를 방문할 때는 반드시 사전에 확인한다. ·····························( )( )

69. 노력해도 결과가 따르지 않으면 의미가 없다. ·······························( )( )

70. 무조건 행동해야 한다. ···( )( )

71. 유행에 둔감하다고 생각한다. ··(   )(   )

72. 정해진대로 움직이는 것은 시시하다. ·····························(   )(   )

73. 꿈을 계속 가지고 있고 싶다. ··(   )(   )

74. 질서보다 자유를 중요시하는 편이다. ·····························(   )(   )

75. 혼자서 취미에 몰두하는 것을 좋아한다. ······················(   )(   )

76. 직관적으로 판단하는 편이다. ··(   )(   )

77. 영화나 드라마를 보면 등장인물의 감정에 이입된다. ·······(   )(   )

78. 시대의 흐름에 역행해서라도 자신을 관철하고 싶다. ·······(   )(   )

79. 다른 사람의 소문에 관심이 없다. ································(   )(   )

80. 창조적인 편이다. ···(   )(   )

81. 비교적 눈물이 많은 편이다. ··(   )(   )

82. 융통성이 있다고 생각한다. ··(   )(   )

83. 친구의 휴대전화 번호를 잘 모른다. ······························(   )(   )

84. 스스로 고안하는 것을 좋아한다. ··································(   )(   )

85. 정이 두터운 사람으로 남고 싶다. ································(   )(   )

86. 조직의 일원으로 별로 안 어울린다. ······························(   )(   )

87. 세상의 일에 별로 관심이 없다. ····································(   )(   )

88. 변화를 추구하는 편이다. ··(   )(   )

89. 업무는 인간관계로 선택한다. ··(   )(   )

90. 환경이 변하는 것에 구애되지 않는다. ··························(   )(   )

91. 불안감이 강한 편이다. ··(   )(   )

92. 인생은 살 가치가 없다고 생각한다. ······························(   )(   )

93. 의지가 약한 편이다. ··(   )(   )

94. 다른 사람이 하는 일에 별로 관심이 없다. ····················(   )(   )

95. 사람을 설득시키는 것은 어렵지 않다. ··························(   )(   )

YES NO

96. 심심한 것을 못 참는다. ·······································(   )(   )

97. 다른 사람을 욕한 적이 한 번도 없다. ·······················(   )(   )

98. 다른 사람에게 어떻게 보일지 신경을 쓴다. ··················(   )(   )

99. 금방 낙심하는 편이다. ···(   )(   )

100. 다른 사람에게 의존하는 경향이 있다. ·······················(   )(   )

101. 그다지 융통성이 있는 편이 아니다. ·························(   )(   )

102. 다른 사람이 내 의견에 간섭하는 것이 싫다. ···············(   )(   )

103. 낙천적인 편이다. ··(   )(   )

104. 숙제를 잊어버린 적이 한 번도 없다. ·······················(   )(   )

105. 밤길에는 발소리가 들리기만 해도 불안하다. ···············(   )(   )

106. 상냥하다는 말을 들은 적이 있다. ···························(   )(   )

107. 자신은 유치한 사람이다. ·······································(   )(   )

108. 잡담을 하는 것보다 책을 읽는게 낫다. ····················(   )(   )

109. 나는 영업에 적합한 타입이라고 생각한다. ················(   )(   )

110. 술자리에서 술을 마시지 않아도 흥을 돋울 수 있다. ······(   )(   )

111. 한 번도 병원에 간 적이 없다. ·······························(   )(   )

112. 나쁜 일은 걱정이 되어서 어쩔 줄을 모른다. ···············(   )(   )

113. 쉽게 무기력해지는 편이다. ····································(   )(   )

114. 비교적 고분고분한 편이라고 생각한다. ····················(   )(   )

115. 독자적으로 행동하는 편이다. ·································(   )(   )

116. 적극적으로 행동하는 편이다. ·································(   )(   )

117. 금방 감격하는 편이다. ···(   )(   )

118. 어떤 것에 대해서는 불만을 가진 적이 없다. ···············(   )(   )

119. 밤에 못 잘 때가 많다. ···(   )(   )

120. 자주 후회하는 편이다. ···(   )(   )

121. 뜨거워지기 쉽고 식기 쉽다. ·······································( )( )

122. 자신만의 세계를 가지고 있다. ·····································( )( )

123. 많은 사람 앞에서도 긴장하는 일은 없다. ···················( )( )

124. 말하는 것을 아주 좋아한다. ·······································( )( )

125. 인생을 포기하는 마음을 가진 적이 한 번도 없다. ········( )( )

126. 어두운 성격이다. ···( )( )

127. 금방 반성한다. ···( )( )

128. 활동범위가 넓은 편이다. ···( )( )

129. 자신을 끈기있는 사람이라고 생각한다. ·····················( )( )

130. 좋다고 생각하더라도 좀 더 검토하고 나서 실행한다. ···( )( )

131. 위대한 인물이 되고 싶다. ···( )( )

132. 한 번에 많은 일을 떠맡아도 힘들지 않다. ·················( )( )

133. 사람과 만날 약속은 부담스럽다. ·······························( )( )

134. 질문을 받으면 충분히 생각하고 나서 대답하는 편이다. ···( )( )

135. 머리를 쓰는 것보다 땀을 흘리는 일이 좋다. ·············( )( )

136. 결정한 것에는 철저히 구속받는다. ····························( )( )

137. 외출 시 문을 잠그었는지 몇 번을 확인한다. ·············( )( )

138. 이왕 할 거라면 일등이 되고 싶다. ···························( )( )

139. 과감하게 도전하는 타입이다. ····································( )( )

140. 자신은 사교적이 아니라고 생각한다. ·························( )( )

141. 무심코 도리에 대해서 말하고 싶어진다. ····················( )( )

142. '항상 건강하네요'라는 말을 듣는다. ·························( )( )

143. 단념하면 끝이라고 생각한다. ····································( )( )

144. 예상하지 못한 일은 하고 싶지 않다. ·························( )( )

145. 파란만장하더라도 성공하는 인생을 걷고 싶다. ·············( )( )

146. 활기찬 편이라고 생각한다. ··( )( )

147. 소극적인 편이라고 생각한다. ···( )( )

148. 무심코 평론가가 되어 버린다. ···( )( )

149. 자신은 성급하다고 생각한다. ···( )( )

150. 꾸준히 노력하는 타입이라고 생각한다. ···( )( )

151. 내일의 계획이라도 메모한다. ···( )( )

152. 리더십이 있는 사람이 되고 싶다. ··( )( )

153. 열정적인 사람이라고 생각한다. ··( )( )

154. 다른 사람 앞에서 이야기를 잘 하지 못한다. ······························( )( )

155. 통찰력이 있는 편이다. ··( )( )

156. 엉덩이가 가벼운 편이다. ··( )( )

157. 여러 가지로 구애됨이 있다. ···( )( )

158. 돌다리도 두들겨 보고 건너는 쪽이 좋다. ······································( )( )

159. 자신에게는 권력욕이 있다. ···( )( )

160. 업무를 할당받으면 기쁘다. ···( )( )

161. 사색적인 사람이라고 생각한다. ··( )( )

162. 비교적 개혁적이다. ···( )( )

163. 좋고 싫음으로 정할 때가 많다. ··( )( )

164. 전통에 구애되는 것은 버리는 것이 적절하다. ······························( )( )

165. 교제 범위가 좁은 편이다. ··( )( )

166. 발상의 전환을 할 수 있는 타입이라고 생각한다. ·······················( )( )

167. 너무 주관적이어서 실패한다. ···( )( )

168. 현실적이고 실용적인 면을 추구한다. ···( )( )

169. 내가 어떤 배우의 팬인지 아무도 모른다. ······································( )( )

170. 현실보다 가능성이다. ···( )( )

171. 마음이 담겨 있으면 선물은 아무 것이나 좋다. ·······················( )( )

172. 여행은 마음대로 하는 것이 좋다. ·······································( )( )

173. 추상적인 일에 관심이 있는 편이다. ···································( )( )

174. 일은 대담히 하는 편이다. ···( )( )

175. 괴로워하는 사람을 보면 우선 동정한다. ···························( )( )

176. 가치기준은 자신의 안에 있다고 생각한다. ·······················( )( )

177. 조용하고 조심스러운 편이다. ··( )( )

178. 상상력이 풍부한 편이라고 생각한다. ································( )( )

179. 의리, 인정이 두터운 상사를 만나고 싶다. ·······················( )( )

180. 인생의 앞날을 알 수 없어 재미있다. ·······························( )( )

181. 밝은 성격이다. ···( )( )

182. 별로 반성하지 않는다. ··( )( )

183. 활동범위가 좁은 편이다. ···( )( )

184. 자신을 시원시원한 사람이라고 생각한다. ·······················( )( )

185. 좋다고 생각하면 바로 행동한다. ·······································( )( )

186. 좋은 사람이 되고 싶다. ··( )( )

187. 한 번에 많은 일을 떠맡는 것은 골칫거리라고 생각한다. ·······( )( )

188. 사람과 만날 약속은 즐겁다. ··( )( )

189. 질문을 받으면 그때의 느낌으로 대답하는 편이다. ·············( )( )

190. 땀을 흘리는 것보다 머리를 쓰는 일이 좋다. ·····················( )( )

191. 결정한 것이라도 그다지 구속받지 않는다. ·······················( )( )

192. 외출 시 문을 잠갔는지 별로 확인하지 않는다. ·················( )( )

193. 지위에 어울리면 된다. ··( )( )

194. 안전책을 고르는 타입이다. ···( )( )

195. 자신은 사교적이라고 생각한다. ·······································( )( )

196. 도리는 상관없다. ···(   )(   )

197. 침착하다는 말을 듣는다. ···(   )(   )

198. 단념이 중요하다고 생각한다. ···(   )(   )

199. 예상하지 못한 일도 해보고 싶다. ···································(   )(   )

200. 평범하고 평온하게 행복한 인생을 살고 싶다. ················(   )(   )

201. 몹시 귀찮아하는 편이라고 생각한다. ······························(   )(   )

202. 특별히 소극적이라고 생각하지 않는다. ··························(   )(   )

203. 이것저것 평하는 것이 싫다. ··(   )(   )

204. 자신은 성급하지 않다고 생각한다. ·································(   )(   )

205. 꾸준히 노력하는 것을 잘 하지 못한다. ··························(   )(   )

206. 내일의 계획은 머릿속에 기억한다. ·································(   )(   )

207. 협동성이 있는 사람이 되고 싶다. ···································(   )(   )

208. 열정적인 사람이라고 생각하지 않는다. ··························(   )(   )

209. 다른 사람 앞에서 이야기를 잘한다. ······························(   )(   )

210. 행동력이 있는 편이다. ··(   )(   )

PART

IV

면접

01 면접의 기본

1 면접의 기본

(1) 면접의 기본 원칙

① **면접의 의미** … 면접이란 다양한 면접기법을 활용하여 지원한 직무에 필요한 능력을 지원자가 보유하고 있는지를 확인하는 절차라고 할 수 있다. 즉, 지원자의 입장에서는 채용직무수행에 필요한 요건들과 관련하여 자신의 환경, 경험, 관심사, 성취 등에 대해 기업에 직접 어필할 수 있는 기회를 제공받는 것이며, 기업의 입장에서는 서류전형만으로 알수 없는 지원자에 대한 정보를 직접적으로 수집하고 평가하는 것이다.

② **면접의 특징** … 면접은 기업의 입장에서 서류전형이나 필기전형에서 드러나지 않는 지원자의 능력이나 성향을 볼 수 있는 기회로, 면대면으로 이루어지며 즉흥적인 질문들이 포함될 수 있기 때문에 지원자가 완벽하게 준비하기 어려운 부분이 있다. 하지만 지원자 입장에서도 서류전형이나 필기전형에서 모두 보여주지 못한 자신의 능력 등을 기업의 인사담당자에게 어필할 수 있는 추가적인 기회가 될 수도 있다.

[서류 · 필기전형과 차별화되는 면접의 특징]

- 직무수행과 관련된 다양한 지원자 행동에 대한 관찰이 가능하다.
- 면접관이 알고자 하는 정보를 심층적으로 파악할 수 있다.
- 서류상의 미비한 사항과 의심스러운 부분을 확인할 수 있다.
- 커뮤니케이션 능력, 대인관계 능력 등 행동 · 언어적 정보도 얻을 수 있다.

③ 면접의 유형

　㉠ **구조화 면접** : 구조화 면접은 사전에 계획을 세워 질문의 내용과 방법, 지원자의 답변유형에 따른 추가 질문과 그에 대한 평가 역량이 정해져 있는 면접 방식으로 표준화 면접이라고도 한다.

　　• 표준화된 질문이나 평가요소가 면접 전 확정되며, 지원자는 편성된 조나 면접관에 영향을 받지 않고 동일한 질문과 시간을 부여받을 수 있다.

- 조직 또는 직무별로 주요하게 도출된 역량을 기반으로 평가요소가 구성되어, 조직 또는 직무에서 필요한 역량을 가진 지원자를 선발할 수 있다.
- 표준화된 형식을 사용하는 특성 때문에 비구조화 면접에 비해 신뢰성과 타당성, 객관성이 높다.
  - ⓛ 비구조화 면접 : 비구조화 면접은 면접 계획을 세울 때 면접 목적만을 명시하고 내용이나 방법은 면접관에게 전적으로 일임하는 방식으로 비표준화 면접이라고도 한다.
- 표준화된 질문이나 평가요소 없이 면접이 진행되며, 편성된 조나 면접관에 따라 지원자에게 주어지는 질문이나 시간이 다르다.
- 면접관의 주관적인 판단에 따라 평가가 이루어져 평가 오류가 빈번히 일어난다.
- 상황 대처나 언변이 뛰어난 지원자에게 유리한 면접이 될 수 있다.

④ 경쟁력 있는 면접 요령

ⓐ 면접 전에 준비하고 유념할 사항
- 예상 질문과 답변을 미리 작성한다.
- 작성한 내용을 문장으로 외우지 않고 키워드로 기억한다.
- 지원한 회사의 최근 기사를 검색하여 기억한다.
- 지원한 회사가 속한 산업군의 최근 기사를 검색하여 기억한다.
- 면접 전 1주일간 이슈가 되는 뉴스를 기억하고 자신의 생각을 반영하여 정리한다.
- 찬반토론에 대비한 주제를 목록으로 정리하여 자신의 논리를 내세운 예상답변을 작성한다.

ⓑ 면접장에서 유념할 사항
- 질문의 의도 파악 : 답변을 할 때에는 질문 의도를 파악하고 그에 충실한 답변이 될 수 있도록 질문사항을 유념해야 한다. 많은 지원자가 하는 실수 중 하나로 답변을 하는 도중 자기 말에 심취되어 질문의 의도와 다른 답변을 하거나 자신이 알고 있는 지식만을 나열하는 경우가 있는데, 이럴 경우 의사소통능력이 부족한 사람으로 인식될 수 있으므로 주의하도록 한다.
- 답변은 두괄식 : 답변을 할 때에는 두괄식으로 결론을 먼저 말하고 그 이유를 설명하는 것이 좋다. 미괄식으로 답변을 할 경우 용두사미의 답변이 될 가능성이 높으며, 결론을 이끌어 내는 과정에서 논리성이 결여될 우려가 있다. 또한 면접관이 결론을 듣기 전에 말을 끊고 다른 질문을 추가하는 예상치 못한 상황이 발생될 수 있으므로 답변은 자신이 전달하고자 하는 바를 먼저 밝히고 그에 대한 설명을 하는 것이 좋다.

- 지원한 회사의 기업정신과 인재상을 기억 : 답변을 할 때에는 회사가 원하는 인재라는 인상을 심어주기 위해 지원한 회사의 기업정신과 인재상 등을 염두에 두고 답변을 하는 것이 좋다. 모든 회사에 해당되는 두루뭉술한 답변보다는 지원한 회사에 맞는 맞춤형 답변을 하는 것이 좋다.
- 나보다는 회사와 사회적 관점에서 답변 : 답변을 할 때에는 자기중심적인 관점을 피하고 좀 더 넓은 시각으로 회사와 국가, 사회적 입장까지 고려하는 인재임을 어필하는 것이 좋다. 자기중심적 시각을 바탕으로 자신의 출세만을 위해 회사에 입사하려는 인상을 심어줄 경우 면접에서 불이익을 받을 가능성이 높다.
- 난처한 질문은 정직한 답변 : 난처한 질문에 답변을 해야 할 때에는 피하기보다는 정면 돌파로 정직하고 솔직하게 답변하는 것이 좋다. 난처한 부분을 감추고 드러내지 않으려 회피하려는 지원자의 모습은 인사담당자에게 입사 후에도 비슷한 상황에 처했을 때 회피할 수도 있다는 우려를 심어줄 수 있다. 따라서 직장생활에 있어 중요한 덕목 중 하나인 정직을 바탕으로 솔직하게 답변을 하도록 한다.

(2) 면접의 종류 및 준비 전략

① 인성면접

  ㉠ 면접 방식 및 판단기준

  - 면접 방식 : 인성면접은 면접관이 가지고 있는 개인적 면접 노하우나 관심사에 의해 질문을 실시한다. 주로 입사지원서나 자기소개서의 내용을 토대로 지원동기, 과거의 경험, 미래 포부 등을 이야기하도록 하는 방식이다.
  - 판단기준 : 면접관의 개인적 가치관과 경험, 해당 역량의 수준, 경험의 구체성 · 진실성 등
  ㉡ 특징 : 인성면접은 그 방식으로 인해 역량과 무관한 질문들이 많고 지원자에게 주어지는 면접질문, 시간 등이 다를 수 있다. 또한 입사지원서나 자기소개서의 내용을 토대로 하기 때문에 지원자별 질문이 달라질 수 있다.

ⓒ 예시 문항 및 준비전략

• 예시 문항

> • 3분 동안 자기소개를 해 보십시오.
> • 자신의 장점과 단점을 말해 보십시오.
> • 학점이 좋지 않은데 그 이유가 무엇입니까?
> • 최근에 인상 깊게 읽은 책은 무엇입니까?
> • 회사를 선택할 때 중요시하는 것은 무엇입니까?
> • 일과 개인생활 중 어느 쪽을 중시합니까?
> • 10년 후 자신은 어떤 모습일 것이라고 생각합니까?
> • 휴학 기간 동안에는 무엇을 했습니까?

• 준비전략 : 인성면접은 입사지원서나 자기소개서의 내용을 바탕으로 하는 경우가 많으므로 자신이 작성한 입사지원서와 자기소개서의 내용을 충분히 숙지하도록 한다. 또한 최근 사회적으로 이슈가 되고 있는 뉴스에 대한 견해를 묻거나 시사상식 등에 대한 질문을 받을 수 있으므로 이에 대한 대비도 필요하다. 자칫 부담스러워 보이지 않는 질문으로 가볍게 대답하지 않도록 주의하고 모든 질문에 입사 의지를 담아 성실하게 답변하는 것이 중요하다.

② 발표면접

㉠ 면접 방식 및 판단기준

• 면접 방식 : 지원자가 특정 주제와 관련된 자료를 검토하고 그에 대한 자신의 생각을 면접관 앞에서 주어진 시간 동안 발표하고 추가 질의를 받는 방식으로 진행된다.

• 판단기준 : 지원자의 사고력, 논리력, 문제해결력 등

㉡ 특징 : 발표면접은 지원자에게 과제를 부여한 후, 과제를 수행하는 과정과 결과를 관찰·평가한다. 따라서 과제수행 결과뿐 아니라 수행과정에서의 행동을 모두 평가할 수 있다.

ⓒ 예시 문항 및 준비전략

• 예시 문항

[신입사원 조기 이직 문제]

※ 지원자는 아래에 제시된 자료를 검토한 뒤, 신입사원 조기 이직의 원인을 크게 3가지로 정리하고 이에 대한 구체적인 개선안을 도출하여 발표해 주시기 바랍니다.

※ 본 과제에 정해진 정답은 없으나 논리적 근거를 들어 개선안을 작성해 주십시오.

• A기업은 동종업계 유사기업들과 비교해 볼 때, 비교적 높은 재무안정성을 유지하고 있으며 업무강도가 그리 높지 않은 것으로 외부에 알려져 있음.

• 최근 조사결과, 동종업계 유사기업들과 연봉을 비교해 보았을 때 연봉 수준도 그리 나쁘지 않은 편이라는 것이 확인되었음.

• 그러나 지난 3년간 1~2년차 직원들의 이직률이 계속해서 증가하고 있는 추세이며, 경영진 회의에서 최우선 해결과제 중 하나로 거론되었음.

• 이에 따라 인사팀에서 현재 1~2년차 사원들을 대상으로 개선되어야 하는 A기업의 조직문화에 대한 설문조사를 실시한 결과, '상명하복식의 의사소통'이 36.7%로 1위를 차지했음.

• 이러한 설문조사와 함께, 신입사원 조기 이직에 대한 원인을 분석한 결과 파랑새 증후군, 셀프홀릭 증후군, 피터팬 증후군 등 3가지로 분류할 수 있었음.

〈동종업계 유사기업들과의 연봉 비교〉　〈우리 회사 조직문화 중 개선되었으면 하는 것〉

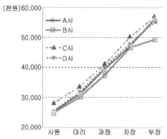

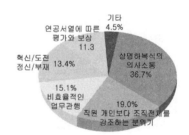

〈신입사원 조기 이직의 원인〉

• 파랑새 증후군

- 현재의 직장보다 더 좋은 직장이 있을 것이라는 막연한 기대감으로 끊임없이 새로운 직장을 탐색함.

- 학력 수준과 맞지 않는 '하향지원', 전공과 적성을 고려하지 않고 일단 취업하고 보자는 '묻지마 지원'이 파랑새 증후군을 초래함.

• 셀프홀릭 증후군

- 본인의 역량에 비해 가치가 낮은 일을 주로 하면서 갈등을 느낌.

• 피터팬 증후군

- 기성세대의 문화를 무조건 수용하기보다는 자유로움과 변화를 추구함.

- 상명하복, 엄격한 규율 등 기성세대가 당연시하는 관행에 거부감을 가지며 직장에 답답함을 느낌.

- 준비전략 : 발표면접의 시작은 과제 안내문과 과제 상황, 과제 자료 등을 정확하게 이해하는 것에서 출발한다. 과제 안내문을 침착하게 읽고 제시된 주제 및 문제와 관련된 상황의 맥락을 파악한 후 과제를 검토한다. 제시된 기사나 그래프 등을 충분히 활용하여 주어진 문제를 해결할 수 있는 해결책이나 대안을 제시하며, 발표를 할 때에는 명확하고 자신 있는 태도로 전달할 수 있도록 한다.

③ 토론면접

　㉠ 면접 방식 및 판단기준

- 면접 방식 : 상호갈등적 요소를 가진 과제 또는 공통의 과제를 해결하는 내용의 토론 과제를 제시하고, 그 과정에서 개인 간의 상호작용 행동을 관찰하는 방식으로 면접이 진행된다.
- 판단기준 : 팀워크, 적극성, 갈등 조정, 의사소통능력, 문제해결능력 등

　㉡ 특징 : 토론을 통해 도출해 낸 최종안의 타당성도 중요하지만, 결론을 도출해 내는 과정에서의 의사소통능력이나 갈등상황에서 의견을 조정하는 능력 등이 중요하게 평가되는 특징이 있다.

　㉢ 예시 문항 및 준비전략

- 예시 문항

> - 군 가산점제 부활에 대한 찬반토론
> - 담뱃값 인상에 대한 찬반토론
> - 비정규직 철폐에 대한 찬반토론
> - 대학의 영어 강의 확대 찬반토론
> - 워크숍 장소 선정을 위한 토론

- 준비전략 : 토론면접은 무엇보다 팀워크와 적극성이 강조된다. 따라서 토론과정에 적극적으로 참여하며 자신의 의사를 분명하게 전달하며, 갈등상황에서 자신의 의견만 내세울 것이 아니라 다른 지원자의 의견을 경청하고 배려하는 모습도 중요하다. 갈등상황을 일목요연하게 정리하여 조정하는 등의 의사소통능력을 발휘하는 것도 좋은 전략이 될 수 있다.

④ 상황면접

　㉠ 면접 방식 및 판단기준

- 면접 방식 : 상황면접은 직무 수행 시 접할 수 있는 상황들을 제시하고, 그러한 상황에서 어떻게 행동할 것인지를 이야기하는 방식으로 진행된다.
- 판단기준 : 해당 상황에 적절한 역량의 구현과 구체적 행동지표

ⓛ 특징 : 실제 직무 수행 시 접할 수 있는 상황들을 제시하므로 입사 이후 지원자의 업무수행능력을 평가하는 데 적절한 면접 방식이다. 또한 지원자의 가치관, 태도, 사고 방식 등의 요소를 통합적으로 평가하는 데 용이하다.

ⓒ 예시 문항 및 준비전략

• 예시 문항

> 당신은 생산관리팀의 팀원으로, 생산팀이 기한에 맞춰 효율적으로 제품을 생산할 수 있도록 관리하는 역할을 맡고 있습니다. 3개월 뒤에 제품A를 정상적으로 출시하기 위해 생산팀의 생산 계획을 수립한 상황입니다. 그러나 원가가 곧 실적으로 이어지는 구매팀에서는 최대한 원가를 줄여 전반적 단가를 낮추려고 원가절감을 위한 제안을 하였으나, 연구개발팀에서는 구매팀이 제안한 방식으로 제품을 생산할 경우 대부분이 구매팀의 실적으로 산정될 것이므로 제대로 확인도 해보지 않은 채 적합하지 않은 방식이라고 판단하고 있습니다. 당신은 어떻게 하겠습니까?

• 준비전략 : 상황면접은 먼저 주어진 상황에서 핵심이 되는 문제가 무엇인지를 파악하는 것에서 시작한다. 주질문과 세부질문을 통하여 질문의 의도를 파악하였다면, 그에 대한 구체적인 행동이나 생각 등에 대해 응답할수록 높은 점수를 얻을 수 있다.

⑤ 역할면접

㉠ 면접 방식 및 판단기준

• 면접 방식 : 역할면접 또는 역할연기 면접은 기업 내 발생 가능한 상황에서 부딪히게 되는 문제와 역할을 가상적으로 설정하여 특정 역할을 맡은 사람과 상호작용하고 문제를 해결해 나가도록 하는 방식으로 진행된다. 역할연기 면접에서는 면접관이 직접 역할연기를 하면서 지원자를 관찰하기도 하지만, 역할연기 수행만 전문적으로 하는 사람을 투입할 수도 있다.

• 판단기준 : 대처능력, 대인관계능력, 의사소통능력 등

ⓛ 특징 : 역할면접은 실제 상황과 유사한 가상 상황에서의 행동을 관찰함으로서 지원자의 성격이나 대처 행동 등을 관찰할 수 있다.

ⓒ 예시 문항 및 준비전략

• 예시 문항

> **[금융권 역할면접의 예]**
> 당신은 ○○은행의 신입 텔러이다. 사람이 많은 월말 오전 한 할아버지(면접관 또는 역할담당자)께서 ○○은행을 사칭한 보이스피싱으로 500만 원을 피해 보았다며 소란을 일으키고 있다. 실제 업무상황이라고 생각하고 상황에 대처해 보시오.

- 준비전략 : 역할연기 면접에서 측정하는 역량은 주로 갈등의 원인이 되는 문제를 해결 하고 제시된 해결방안을 상대방에게 설득하는 것이다. 따라서 갈등해결, 문제해결, 조정·통합, 설득력과 같은 역량이 중요시된다. 또한 갈등을 해결하기 위해서 상대방에 대한 이해도 필수적인 요소이므로 고객 지향을 염두에 두고 상황에 맞게 대처해야 한다.
  역할면접에서는 변별력을 높이기 위해 면접관이 압박적인 분위기를 조성하는 경우가 많기 때문에 스트레스 상황에서 불안해하지 않고 유연하게 대처할 수 있도록 시간과 노력을 들여 충분히 연습하는 것이 좋다.

2 면접 이미지 메이킹

(1) 성공적인 이미지 메이킹 포인트

① 복장 및 스타일

  ㉠ 남성

- 양복 : 양복은 단색으로 하며 넥타이나 셔츠로 포인트를 주는 것이 효과적이다. 짙은 회색이나 감청색이 가장 단정하고 품위 있는 인상을 준다.
- 셔츠 : 흰색이 가장 선호되나 자신의 피부색에 맞추는 것이 좋다. 푸른색이나 베이지색은 산뜻한 느낌을 줄 수 있다. 양복과의 배색도 고려하도록 한다.
- 넥타이 : 의상에 포인트를 줄 수 있는 아이템이지만 너무 화려한 것은 피한다. 지원자의 피부색은 물론, 정장과 셔츠의 색을 고려하며, 체격에 따라 넥타이 폭을 조절하는 것이 좋다.
- 구두 & 양말 : 구두는 검정색이나 짙은 갈색이 어느 양복에나 무난하게 어울리며 깔끔하게 닦아 준비한다. 양말은 정장과 동일한 색상이나 검정색을 착용한다.
- 헤어스타일 : 머리스타일은 단정한 느낌을 주는 짧은 헤어스타일이 좋으며 앞머리가 있다면 이마나 눈썹을 가리지 않는 선에서 정리하는 것이 좋다.

ⓛ 여성

- 의상 : 단정한 스커트 투피스 정장이나 슬랙스 슈트가 무난하다. 블랙이나 그레이, 네이비, 브라운 등 차분해 보이는 색상을 선택하는 것이 좋다.
- 소품 : 구두, 핸드백 등은 같은 계열로 코디하는 것이 좋으며 구두는 너무 화려한 디자인이나 굽이 높은 것을 피한다. 스타킹은 의상과 구두에 맞춰 단정한 것으로 선택한다.
- 액세서리 : 액세서리는 너무 크거나 화려한 것은 좋지 않으며 과하게 많이 하는 것도 좋은 인상을 주지 못한다. 착용하지 않거나 작고 깔끔한 디자인으로 포인트를 주는 정도가 적당하다.
- 메이크업 : 화장은 자연스럽고 밝은 이미지를 표현하는 것이 좋으며 진한 색조는 인상이 강해 보일 수 있으므로 피한다.
- 헤어스타일 : 커트나 단발처럼 짧은 머리는 활동적이면서도 단정한 이미지를 줄 수 있도록 정리한다. 긴 머리의 경우 하나로 묶거나 단정한 머리망으로 정리하는 것이 좋으며, 짙은 염색이나 화려한 웨이브는 피한다.

② 인사

ⓖ 인사의 의미 : 인사는 예의범절의 기본이며 상대방의 마음을 여는 기본적인 행동이라고 할 수 있다. 인사는 처음 만나는 면접관에게 호감을 살 수 있는 가장 쉬운 방법이 될 수 있기도 하지만 제대로 예의를 지키지 않으면 지원자의 인성 전반에 대한 평가로 이어질 수 있으므로 각별히 주의해야 한다.

ⓛ 인사의 핵심 포인트

- 인사말 : 인사말을 할 때에는 밝고 친근감 있는 목소리로 하며, 자신의 이름과 수험번호 등을 간략하게 소개한다.
- 시선 : 인사는 상대방의 눈을 보며 하는 것이 중요하며 너무 빤히 쳐다본다는 느낌이 들지 않도록 주의한다.
- 표정 : 인사는 마음에서 우러나오는 존경이나 반가움을 표현하고 예의를 차리는 것이므로 살짝 미소를 지으며 하는 것이 좋다.
- 자세 : 인사를 할 때에는 가볍게 목만 숙인다거나 흐트러진 상태에서 인사를 하지 않도록 주의하며 절도 있고 확실하게 하는 것이 좋다.

③ 시선처리와 표정, 목소리

    ㉠ **시선처리와 표정** : 표정은 면접에서 지원자의 첫인상을 결정하는 중요한 요소이다. 얼굴표정은 사람의 감정을 가장 잘 표현할 수 있는 의사소통 도구로 표정 하나로 상대방에게 호감을 주거나, 비호감을 사기도 한다. 호감이 가는 인상의 특징은 부드러운 눈썹, 자연스러운 미간, 적당히 볼록한 광대, 올라간 입 꼬리 등으로 가볍게 미소를 지을 때의 표정과 일치한다. 따라서 면접 중에는 밝은 표정으로 미소를 지어 호감을 형성할 수 있도록 한다. 시선은 면접관과 고르게 맞추되 생기 있는 눈빛을 띄도록 하며, 너무 빤히 쳐다본다는 인상을 주지 않도록 한다.

    ㉡ **목소리** : 면접은 주로 면접관과 지원자의 대화로 이루어지므로 목소리가 미치는 영향이 상당하다. 답변을 할 때에는 부드러우면서도 활기차고 생동감 있는 목소리로 하는 것이 면접관에게 호감을 줄 수 있으며 적당한 제스처가 더해진다면 상승효과를 얻을 수 있다. 그러나 적절한 답변을 하였음에도 불구하고 콧소리나 날카로운 목소리, 자신감 없는 작은 목소리는 답변의 신뢰성을 떨어뜨릴 수 있으므로 주의하도록 한다.

④ 자세

    ㉠ **걷는 자세**
- 면접장에 입실할 때에는 상체를 곧게 유지하고 발끝은 평행이 되게 하며 무릎을 스치듯 11자로 걷는다.
- 시선은 정면을 향하고 턱은 가볍게 당기며 어깨나 엉덩이가 흔들리지 않도록 주의한다.
- 발바닥 전체가 닿는 느낌으로 안정감 있게 걸으며 발소리가 나지 않도록 주의한다.
- 보폭은 어깨넓이만큼이 적당하지만, 스커트를 착용했을 경우 보폭을 줄인다.
- 걸을 때도 미소를 유지한다.

    ㉡ **서있는 자세**
- 몸 전체를 곧게 펴고 가슴을 자연스럽게 내민 후 등과 어깨에 힘을 주지 않는다.
- 정면을 바라본 상태에서 턱을 약간 당기고 아랫배에 힘을 주어 당기며 바르게 선다.
- 양 무릎과 발뒤꿈치는 붙이고 발끝은 11자 또는 V형을 취한다.
- 남성의 경우 팔을 자연스럽게 내리고 양손을 가볍게 쥐어 바지 옆선에 붙이고, 여성의 경우 공수자세를 유지한다.

ⓒ 앉은 자세

• 남성

> • 의자 깊숙이 앉고 등받이와 등 사이에 주먹 1개 정도의 간격을 두며 기대듯 앉지 않도록 주의한다. (남녀 공통 사항)
> • 무릎 사이에 주먹 2개 정도의 간격을 유지하고 발끝은 11자를 취한다.
> • 시선은 정면을 바라보며 턱은 가볍게 당기고 미소를 짓는다. (남녀 공통 사항)
> • 양손은 가볍게 주먹을 쥐고 무릎 위에 올려놓는다.
> • 앉고 일어날 때에는 자세가 흐트러지지 않도록 주의한다. (남녀 공통 사항)

• 여성

> • 스커트를 입었을 경우 왼손으로 뒤쪽 스커트 자락을 누르고 오른손으로 앞쪽 자락을 누르며 의자에 앉는다.
> • 무릎은 붙이고 발끝을 가지런히 하며, 다리를 왼쪽으로 비스듬히 기울이면 단정해 보이는 효과가 있다.
> • 양손을 모아 무릎 위에 모아 놓으며 스커트를 입었을 경우 스커트 위를 가볍게 누르듯이 올려놓는다.

(2) 면접 예절

① 행동 관련 예절

ⓐ 지각은 절대금물 : 시간을 지키는 것은 예절의 기본이다. 지각을 할 경우 면접에 응시할 수 없거나, 면접 기회가 주어지더라도 불이익을 받을 가능성이 높아진다. 따라서 면접장소가 결정되면 교통편과 소요시간을 확인하고 가능하다면 사전에 미리 방문해 보는 것도 좋다. 면접 당일에는 서둘러 출발하여 면접 시간 20~30분 전에 도착하여 회사를 둘러보고 환경에 익숙해지는 것도 성공적인 면접을 위한 요령이 될 수 있다.

ⓑ 면접 대기 시간 : 지원자들은 대부분 면접장에서의 행동과 답변 등으로만 평가를 받는다고 생각하지만 그렇지 않다. 면접관이 아닌 면접진행자 역시 대부분 인사실무자이며 면접관이 면접 후 지원자에 대한 평가에 있어 확신을 위해 면접진행자의 의견을 구한다면 면접진행자의 의견이 당락에 영향을 줄 수 있다. 따라서 면접 대기 시간에도 행동과 말을 조심해야 하며, 면접을 마치고 돌아가는 순간까지도 긴장을 늦춰서는 안 된다. 면접 중 압박적인 질문에 답변을 잘 했지만, 면접장을 나와 흐트러진 모습을 보이거나 욕설을 한다면 면접 탈락의 요인이 될 수 있으므로 주의해야 한다.

© 입실 후 태도 : 본인의 차례가 되어 호명되면 또렷하게 대답하고 들어간다. 만약 면접
장 문이 닫혀 있다면 상대에게 소리가 들릴 수 있을 정도로 노크를 두세 번 한 후 대
답을 듣고 나서 들어가야 한다. 문을 여닫을 때에는 소리가 나지 않게 조용히 하며
공손한 자세로 인사한 후 성명과 수험번호를 말하고 면접관의 지시에 따라 자리에 앉
는다. 이 경우 착석하라는 말이 없는데 먼저 의자에 앉으면 무례한 사람으로 보일 수
있으므로 주의한다. 의자에 앉을 때에는 끝에 앉지 말고 무릎 위에 양손을 가지런히
얹는 것이 예절이라고 할 수 있다.

② 옷매무새를 자주 고치지 마라. : 일부 지원자의 경우 옷매무새 또는 헤어스타일을 자주
고치거나 확인하기도 하는데 이러한 모습은 과도하게 긴장한 것 같아 보이거나 면접
에 집중하지 못하는 것으로 보일 수 있다. 남성 지원자의 경우 넥타이를 자꾸 고쳐
맨다거나 정장 상의 끝을 너무 자주 만지작거리지 않는다. 여성 지원자는 머리를 계
속 쓸어 올리지 않고, 특히 짧은 치마를 입고서 신경이 쓰여 치마를 끌어 내리는 행
동은 좋지 않다.

① 다리를 떨거나 산만한 시선은 면접 탈락의 지름길 : 자신도 모르게 다리를 떨거나 손가
락을 만지는 등의 행동을 하는 지원자가 있는데, 이는 면접관의 주의를 끌 뿐만 아니
라 불안하고 산만한 사람이라는 느낌을 주게 된다. 따라서 가능한 한 바른 자세로 앉
아 있는 것이 좋다. 또한 면접관과 시선을 맞추지 못하고 여기저기 둘러보는 듯한 산
만한 시선은 지원자가 거짓말을 하고 있다고 여겨지거나 신뢰할 수 없는 사람이라고
생각될 수 있다.

② 답변 관련 예절

③ 면접관이나 다른 지원자와 가치 논쟁을 하지 않는다. : 질문을 받고 답변하는 과정에서
면접관 또는 다른 지원자의 의견과 다른 의견이 있을 수 있다. 특히 평소 지원자가
관심이 많은 문제이거나 잘 알고 있는 문제인 경우 자신과 다른 의견에 대해 이의가
있을 수 있다. 하지만 주의할 것은 면접에서 면접관이나 다른 지원자와 가치 논쟁을
할 필요는 없다는 것이며 오히려 불이익을 당할 수도 있다. 정답이 정해져 있지 않은
경우에는 가치관이나 성장배경에 따라 문제를 받아들이는 태도에서 답변까지 충분히
차이가 있을 수 있으므로 굳이 면접관이나 다른 지원자의 가치관을 지적하고 고치려
드는 것은 좋지 않다.

ⓛ 답변은 항상 정직해야 한다. : 면접이라는 것이 아무리 지원자의 장점을 부각시키고 단점을 축소시키는 것이라고 해도 절대로 거짓말을 해서는 안 된다. 거짓말을 하게 되면 지원자는 불안하거나 꺼림칙한 마음이 들게 되어 면접에 집중을 하지 못하게 되고 수많은 지원자를 상대하는 면접관은 그것을 놓치지 않는다. 거짓말은 그 지원자에 대한 신뢰성을 떨어뜨리며 이로 인해 다른 스펙이 아무리 훌륭하다고 해도 채용에서 탈락하게 될 수 있음을 명심하도록 한다.

ⓒ 경력직을 경우 전 직장에 대해 험담하지 않는다. : 지원자가 전 직장에서 무슨 업무를 담당했고 어떤 성과를 올렸는지는 면접관이 관심을 둘 사항일 수 있지만, 이전 직장의 기업문화나 상사들이 어땠는지는 그다지 궁금해 하는 사항이 아니다. 전 직장에 대해 험담을 늘어놓는다든가, 동료와 상사에 대한 악담을 하게 된다면 오히려 지원자에 대한 부정적인 이미지만 심어줄 수 있다. 만약 전 직장에 대한 말을 해야 할 경우가 생긴다면 가능한 한 객관적으로 이야기하는 것이 좋다.

ⓔ 자기 자신이나 배경에 대해 자랑하지 않는다. : 자신의 성취나 부모 형제 등 집안사람들이 사회ㆍ경제적으로 어떠한 위치에 있는지에 대한 자랑은 면접관으로 하여금 지원자에 대해 오만한 사람이거나 배경에 의존하려는 나약한 사람이라는 이미지를 갖게 할 수 있다. 따라서 자기 자신이나 배경에 대해 자랑하지 않도록 하고, 자신이 한 일에 대해서 너무 자세하게 얘기하지 않도록 주의해야 한다.

3 **면접 질문 및 답변 포인트**

(1) 가족 및 대인관계에 관한 질문

① 당신의 가정은 어떤 가정입니까?

면접관들은 지원자의 가정환경과 성장과정을 통해 지원자의 성향을 알고 싶어 이와 같은 질문을 한다. 비록 가정 일과 사회의 일이 완전히 일치하는 것은 아니지만 '가화만사성'이 라는 말이 있듯이 가정이 화목해야 사회에서도 화목하게 지낼 수 있기 때문이다. 그러므 로 답변 시에는 가족사항을 정확하게 설명하고 집안의 분위기와 특징에 대해 이야기하는 것이 좋다.

② 친구 관계에 대해 말해 보십시오.

지원자의 인간성을 판단하는 질문으로 교우관계를 통해 답변자의 성격과 대인관계능력을 파악할 수 있다. 새로운 환경에 적응을 잘하여 새로운 친구들이 많은 것도 좋지만, 깊고 오래 지속되어온 인간관계를 말하는 것이 더욱 바람직하다.

(2) 성격 및 가치관에 관한 질문

① 당신의 PR포인트를 말해 주십시오.

PR포인트를 말할 때에는 지나치게 겸손한 태도는 좋지 않으며 적극적으로 자기를 주장하 는 것이 좋다. 앞으로 입사 후 하게 될 업무와 관련된 자기의 특성을 구체적인 일화를 더 하여 이야기하도록 한다.

② 당신의 장·단점을 말해 보십시오.

지원자의 구체적인 장·단점을 알고자 하기 보다는 지원자가 자기 자신에 대해 얼마나 알 고 있으며 어느 정도의 객관적인 분석을 하고 있나, 그리고 개선의 노력 등을 시도하는지 를 파악하고자 하는 것이다. 따라서 장점을 말할 때는 업무와 관련된 장점을 뒷받침할 수 있는 근거와 함께 제시하며, 단점을 이야기할 때에는 극복을 위한 노력을 반드시 포함해 야 한다.

③ 가장 존경하는 사람은 누구입니까?

존경하는 사람을 말하기 위해서는 우선 그 인물에 대해 알아야 한다. 잘 모르는 인물에 대해 존경한다고 말하는 것은 면접관에게 바로 지적당할 수 있으므로, 추상적이라도 좋으 니 평소에 존경스럽다고 생각했던 사람에 대해 그 사람의 어떤 점이 좋고 존경스러운지 대답하도록 한다. 또한 자신에게 어떤 영향을 미쳤는지도 언급하면 좋다.

(3) 학교생활에 관한 질문

① 지금까지의 학교생활 중 가장 기억에 남는 일은 무엇입니까?

가급적 직장생활에 도움이 되는 경험을 이야기하는 것이 좋다. 또한 경험만을 간단하게 말하지 말고 그 경험을 통해서 얻을 수 있었던 교훈 등을 예시와 함께 이야기하는 것이 좋으나 너무 상투적인 답변이 되지 않도록 주의해야 한다.

② 성적은 좋은 편이었습니까?

면접관은 이미 서류심사를 통해 지원자의 성적을 알고 있다. 그럼에도 불구하고 이 질문을 하는 것은 지원자가 성적에 대해서 어떻게 인식하느냐를 알고자 하는 것이다. 성적이 나빴던 이유에 대해서 변명하려 하지 말고 담백하게 받아드리고 그것에 대한 개선노력을 했음을 밝히는 것이 적절하다.

③ 학창시절에 시위나 집회 등에 참여한 경험이 있습니까?

기업에서는 노사분규를 기업의 사활이 걸린 중대한 문제로 인식하고 거시적인 차원에서 접근한다. 이러한 기업문화를 제대로 인식하지 못하여 학창시절의 시위나 집회 참여 경험을 자랑스럽게 답변할 경우 감점요인이 되거나 심지어는 탈락할 수 있다는 사실에 주의한다. 시위나 집회에 참가한 경험을 말할 때에는 타당성과 정도에 유의하여 답변해야 한다.

(4) 지원동기 및 직업의식에 관한 질문

① 왜 우리 회사를 지원했습니까?

이 질문은 어느 회사나 가장 먼저 물어보고 싶은 것으로 지원자들은 기업의 이념, 대표의 경영능력, 재무구조, 복리후생 등 외적인 부분을 설명하는 경우가 많다. 이러한 답변도 적절하지만 지원 회사의 주력 상품에 관한 소비자의 인지도, 경쟁사 제품과의 시장점유율을 비교하면서 입사동기를 설명한다면 상당히 주목 받을 수 있을 것이다.

② 만약 이번 채용에 불합격하면 어떻게 하겠습니까?

불합격할 것을 가정하고 회사에 응시하는 지원자는 거의 없을 것이다. 이는 지원자를 궁지로 몰아넣고 어떻게 대응하는지를 살펴보며 입사 의지를 알아보려고 하는 것이다. 이 질문은 너무 깊이 들어가지 말고 침착하게 답변하는 것이 좋다.

③ 당신이 생각하는 바람직한 사원상은 무엇입니까?

직장인으로서 또는 조직의 일원으로서의 자세를 묻는 질문으로 지원하는 회사에서 어떤 인재상을 요구하는 가를 알아두는 것이 좋으며, 평소에 자신의 생각을 미리 정리해 두어 당황하지 않도록 한다.

④ 직무상의 적성과 보수의 많음 중 어느 것을 택하겠습니까?

이런 질문에서 회사 측에서 원하는 답변은 당연히 직무상의 적성에 비중을 둔다는 것이다. 그러나 적성만을 너무 강조하다 보면 오히려 솔직하지 못하다는 인상을 줄 수 있으므로 어느 한 쪽을 너무 강조하거나 경시하는 태도는 바람직하지 못하다.

⑤ 상사와 의견이 다를 때 어떻게 하겠습니까?

과거와 다르게 최근에는 상사의 명령에 무조건 따르겠다는 수동적인 자세는 바람직하지 않다. 회사에서는 때에 따라 자신이 판단하고 행동할 수 있는 직원을 원하기 때문이다. 그러나 지나치게 자신의 의견만을 고집한다면 이는 팀원 간의 불화를 야기할 수 있으며 팀 체제에 악영향을 미칠 수 있으므로 선호하지 않는다는 것에 유념하여 답해야 한다.

⑥ 근무지가 지방인데 근무가 가능합니까?

근무지가 지방 중에서도 특정 지역은 되고 다른 지역은 안 된다는 답변은 바람직하지 않다. 직장에서는 순환 근무라는 것이 있으므로 처음에 지방에서 근무를 시작했다고 해서 계속 지방에만 있는 것은 아님을 유의하고 답변하도록 한다.

(5) 여가 활용에 관한 질문

① 취미가 무엇입니까?

기초적인 질문이지만 특별한 취미가 없는 지원자의 경우 대답이 애매할 수밖에 없다. 그래서 가장 많이 대답하게 되는 것이 독서, 영화감상, 혹은 음악감상 등과 같은 흔한 취미를 말하게 되는데 이런 취미는 면접관의 주의를 끌기 어려우며 설사 정말 위와 같은 취미를 가지고 있다하더라도 제대로 답변하기는 힘든 것이 사실이다. 가능하면 독특한 취미를 말하는 것이 좋으며 이제 막 시작한 것이라도 열의를 가지고 있음을 설명할 수 있으면 그것을 취미로 답변하는 것도 좋다.

(6) 지원자를 당황하게 하는 질문

① 성적이 좋지 않은데 이 정도의 성적으로 우리 회사에 입사할 수 있다고 생각합니까?

비록 자신의 성적이 좋지 않더라도 이미 서류심사에 통과하여 면접에 참여하였다면 기업에서는 지원자의 성적보다 성적 이외의 요소, 즉 성격·열정 등을 높이 평가했다는 것이라고 할 수 있다. 그러나 이런 질문을 받게 되면 지원자는 당황할 수 있으나 주눅 들지 말고 침착하게 대처하는 면모를 보인다면 더 좋은 인상을 남길 수 있다.

② 우리 회사 회장님 함자를 알고 있습니까?

회장이나 사장의 이름을 조사하는 것은 면접일을 통고받았을 때 이미 사전 조사되었어야 하는 사항이다. 단답형으로 이름만 말하기보다는 그 기업에 입사를 희망하는 지원자의 입장에서 답변하는 것이 좋다.

③ 당신은 이 회사에 적합하지 않은 것 같군요.

이 질문은 지원자의 입장에서 상당히 곤혹스러울 수밖에 없다. 질문을 듣는 순간 그렇다면 면접은 왜 참가시킨 것인가 하는 생각이 들 수도 있다. 하지만 당황하거나 흥분하지 말고 침착하게 자신의 어떤 면이 회사에 적당하지 않는지 겸손하게 물어보고 지적당한 부분에 대해서 고치겠다는 의지를 보인다면 오히려 자신의 능력을 어필할 수 있는 기회로 사용할 수도 있다.

④ 다시 공부할 계획이 있습니까?

이 질문은 지원자가 합격하여 직장을 다니다가 공부를 더 하기 위해 회사를 그만 두거나 학습에 더 관심을 두어 일에 대한 능률이 저하될 것을 우려하여 묻는 것이다. 이때에는 당연히 학습보다는 일을 강조해야 하며, 업무 수행에 필요한 학습이라면 업무에 지장이 없는 범위에서 야간학교를 다니거나 회사에서 제공하는 연수 프로그램 등을 활용하겠다고 답변하는 것이 적당하다.

⑤ 지원한 분야가 전공한 분야와 다른데 여기 일을 할 수 있겠습니까?

수험생의 입장에서 본다면 지원한 분야와 전공이 다르지만 서류전형과 필기전형에 합격하여 면접을 보게 된 경우라고 할 수 있다. 이는 결국 해당 회사의 채용 방침상 전공에 크게 영향을 받지 않는다는 것이므로 무엇보다 자신이 전공하지는 않았지만 어떤 업무도 적극적으로 임할 수 있다는 자신감과 능동적인 자세를 보여주도록 노력하는 것이 좋다.

02 면접기출

도로교통공단은 NCS 입사지원서, 경력기술서, 경험기술서, 자기소개서, 인성검사를 기반으로 하여 (그룹)상황·경험면접을 실시한다.

✿ 도로교통공단 면접기출

① 평소 도로교통공단에 대해 알고 있었는지?

② 본인과 불편한 관계인 사람의 유형과 사례를 말해보시오.

③ 엔젤산업이 우리 사회 발전에 어떤 영향을 미치는지 말해보시오.

④ 도로교통공단은 종종 외국인이 오곤 하는데, 어떻게 응대할 수 있는가?

⑤ 혹시 면허를 땄는지? 그리고 운전면허의 갱신기간을 알고 있는가?

⑥ 도로교통공단에 입사 시 장기적으로 어떠한 목표를 가지고 있는가?

⑦ 도로교통공단의 어느 부서에서 일을 하고 싶은가?

⑧ 도로교통공단과 교통안전공단의 차이점은 무엇인지 말해보시오.

⑨ 대부분 여성 직원이 많은데 이러한 조직문화에 어떻게 조화될 것인지 말해보시오.

⑩ 이곳 말고 목표로 하고 있는 곳이 있다면 어느 곳인지 말해보시오.

⑪ 면허시험제도 중 1종, 2종 대형면허의 차이점에 대해 아는 대로 말해보시오.

⑫ 전공과 도로교통공단과 어떤 관계가 있는지, 만약 입사한다면 전공을 살려 어떠한 일을 할 수 있는지 말해보시오.

⑬ 민원인들을 만나는 직으로 발령이 날 수도 있는데 그렇다면 어떻게 할 것인가요?

⑭ 공공기관 일에 어떤 계기로 관심을 갖게 되었나요?

⑮ 자신의 장점을 말해보세요.

⑯ 가족소개를 해 보세요.

⑰ 우리 면허시험장을 소개해 보세요.

⑱ 시각 장애인에게 파란색을 설명하세요.

⑲ 자신의 능력은 100인데 회사 상사가 200을 원한다면 당신은 어떻게 할 건가요?

⑳ 우리 공단에 지원하게 된 동기는 무엇입니까?

㉑ 학교생활을 하면서 꼴불견인 학생을 본 적이 있나요?

㉒ 고객이 상담 도중 당신 앞에서 욕을 한다면 당신은 어떻게 할 건가요?

㉓ 만약 도로교통공단에 입사하게 된다면 최종적으로 어떤 지위에 오르고 싶은가요?

㉔ 만약 다른 지역으로 발령이 난다면 어떻게 하겠습니까?

㉕ 우리 공단에서 당신을 뽑아야 하는 이유는 무엇입니까?

㉖ 고령화 시대 노인들이 운전하는 것에 대해 당신은 어떻게 생각하나요?

㉗ 회사생활에서 가장 중요한 것은 무엇이라고 생각하나요?

㉘ 기업 이미지 제고 방안과 효과에 대해 설명하시오.

㉙ 개인의 이익과 공공의 이익 중 어느 것이 먼저라고 생각하나요?

㉚ 복수노조에 대한 자신의 생각을 말하시오.

㉛ 공기업의 사회공헌에 대한 자신의 생각을 말하시오.

㉜ 트위터 및 SNS열풍에 대한 견해와 그것들이 우리 사회에 미칠 영향에 대해 설명하시오.

㉝ 11대 중과실 교통사고에 대해 말해보시오.

㉞ 힘들고 어려운 업무가 주어진 경우 어떻게 대처할 것인지 말해보시오.

㉟ 도로교통공단 본사의 위치(주소)를 말해보시오.

㊱ 자신을 발전시키기 위해 필요한 것들을 이야기해 보시오.

㊲ 도로교통공단이 발전하기 위해서는 어떤 행동을 취하는 것이 좋을지 이야기해 보시오.

㊳ 부모님과 함께 살고 있나요?

㊴ 고향이 어디인가요?

㊵ 다른 곳에서 일한 경험이 있나요?

㊶ 자신의 전공과 관련하여 가장 흥미 있게 들은 수업은 무엇인가요?

㊷ 공사와 공단의 차이점에 대해 아는 대로 이야기해 보시오.

㊸ 실제 근무를 3교대로 하게 되면 어떻게 하겠는가?

㊹ 전국에 운전면허시험장이 몇 개가 운영되고 있는지 아는가?

㊺ 도로교통공단이 존재하는 이유는 무엇인가?

당신의 꿈은 뭔가요?

MY BUCKET LIST !

꿈은 목표를 향해 가는 길에 필요한 휴식과 같아요.

여기에 당신의 소중한 위시리스트를 적어보세요. 하나하나 적다보면 어느새 기분도

좋아지고 다시 달리는 힘을 얻게 될 거예요.

- ☐ _____
- ☐ _____
- ☐ _____
- ☐ _____
- ☐ _____
- ☐ _____
- ☐ _____
- ☐ _____
- ☐ _____
- ☐ _____
- ☐ _____
- ☐ _____
- ☐ _____
- ☐ _____
- ☐ _____
- ☐ _____
- ☐ _____
- ☐ _____
- ☐ _____
- ☐ _____
- ☐ _____
- ☐ _____
- ☐ _____
- ☐ _____
- ☐ _____
- ☐ _____
- ☐ _____
- ☐ _____
- ☐ _____
- ☐ _____
- ☐ _____
- ☐ _____
- ☐ _____
- ☐ _____
- ☐ _____
- ☐ _____
- ☐ _____
- ☐ _____
- ☐ _____
- ☐ _____

창의적인 사람이 되기 위해서

정보가 넘치는 요즘, 모두들 창의적인 사람을 찾죠.
정보의 더미에서 평범한 것을 비범하게 만드는 마법의 손이 필요합니다.
어떻게 해야 마법의 손과 같은 '창의성'을 가질 수 있을까요. 여러분께만 알려 드릴게요!

01. 생각나는 모든 것을 적어 보세요.

아이디어는 단번에 솟아나는 것이 아니죠. 원하는 것이나, 새로 알게 된 레시피나, 뭐든 좋아요.
떠오르는 생각을 모두 적어 보세요.

02. '잘하고 싶어!'가 아니라 '잘하고 있다!'라고 생각하세요.

누구나 자신을 다그치곤 합니다. 잘해야 해. 잘하고 싶어.
그럴 때는 고개를 세 번 젓고 나서 외치세요. '나, 잘하고 있다!'

03. 새로운 것을 시도해 보세요.

신선한 아이디어는 새로운 곳에서 떠오르죠. 처음 가는 장소, 다양한 장르에 음악, 나와 다른 분야의 사람.
익숙하지 않은 신선한 것들을 찾아서 탐험해 보세요.

04. 남들에게 보여 주세요.

독특한 아이디어라도 혼자 가지고 있다면 키워 내기 어렵죠.
최대한 많은 사람들과 함께 정보를 나누며 아이디어를 발전시키세요.

05. 잠시만 쉬세요.

생각을 계속 하다보면 한쪽으로 치우치기 쉬워요. 25분 생각했다면 5분은 쉬어 주세요.
휴식도 창의성을 키워 주는 중요한 요소랍니다.